ΖΑΧΑΡΟΠΛΑΣΤΕ
ΠΙΤΣΑΡΙΑ
Τηλ. 22210 Η ΜΗΛΟΣ ΛΟΥΛΑ

Herausgeber: Polyglott-Redaktion
Bearbeitung: Asimina Neuhausen-Melidou
Deutsches Grundmanuskript: Elisabeth Graf-Riemann
Lektorat: Sabine von Loeffelholz
Art Direction: Illustration & Graphik Forster GmbH, Hamburg
Titeldesign-Konzept: V. Barl

Ergänzende Anregungen, für die wir jederzeit dankbar sind,
bitten wir zu richten an:
Polyglott-Verlag, Redaktion, Postfach 40 11 20, D-80711 München.

Erste Auflage 1996

Printed in Germany
Gedruckt auf chlorfrei gebleichtem Papier
ISBN 3-493-61158-7

Polyglott-Sprachführer

Griechisch

Polyglott-Verlag München

Inhalt

Einführung

Über das Buch

Polyglott-Sprachführer sind perfekte Begleiter neben dem Reiseführer, denn sie orientieren sich an realistischen, alltäglichen Situationen von Reisenden, die der fremden Sprache nicht kundig sind.

Die Sätze und Redewendungen, die Ihnen eine rasche und unproblematische Verständigung in Ihrem Reiseland ermöglichen, sind bewußt einfach gehalten. Sie finden keine komplizierten Satzkonstruktionen oder zu lange Wortlisten. Fast alle Sätze sind aus einfachen Textbausteinen zusammengestellt, die Ihnen ein leichtes und schnelles Auswechseln von Satzteilen in verschiedenen Gesprächssituationen ermöglichen.

Die Wortlisten am Ende jedes Hauptkapitels sind themenbezogen und helfen Ihnen, Sätze je nach Bedarf weiter zu variieren. So werden Sie sich mit einem minimalen Wortschatz ohne langes Suchen schnell in der fremden Sprache zurechtfinden. Damit Sie auch verstehen, was andere Ihnen in alltäglichen Kontaktsituationen (beim Arzt, an der Grenze etc.) mitteilen, haben wir häufig wiederkehrende fremdsprachige Redewendungen oder Fragen mit einem * gekennzeichnet.

Eine vereinfachte, am Deutschen orientierte Lautschrift ermöglicht Ihnen die korrekte und verständliche Aussprache der Sprache Ihres Gastlandes. Nachfolgend finden Sie eine kurze Erläuterung dazu, ebenso eine kurze Grammatikübersicht.

Daran anschließend sind in neun Hauptkapiteln Satzbeispiele aus allgemeinen und reisetypischen Bereichen zusammengestellt. Nicht nur im Kapitel *Praktische Hinweise*, sondern über alle Seiten des Sprachführers verteilt finden Sie außerdem Tips und Informationen zu den Besonderheiten Ihres Reiselandes.

Ein ausführliches zweisprachiges Wörterverzeichnis Deutsch–Griechisch, das Sie als Reisewörterbuch und zugleich als Register benutzen können, steht am Ende des Bandes. Die angegebenen Seitenzahlen führen Sie direkt in den entsprechenden Textteil. Das Wörterverzeichnis Griechisch–Deutsch enthält die wichtigsten Wörter und Abkürzungen, denen Sie in Aufschriften, auf Schildern und Hinweistafeln begegnen. Wir wünschen Ihnen viel Vergnügen auf Ihrer Reise: Καλό ταξίδι! [ka**lo** ta**xi**ði] *(Gute Reise!)*

Aussprache

Die Aussprache der einzelnen neugriechischen Laute ist, abgesehen von einigen wenigen, für die deutsche Zunge nicht allzu schwierig. Um Ihnen eine möglichst korrekte und damit auch verständliche Aussprache der griechischen Sprache zu ermöglichen, haben wir uns für eine sehr vereinfachte Lautschrift entschieden, die fast ohne Sonderzeichen auskommt. Die Betonung der Wörter können Sie sofort am Fettdruck der entsprechenden Silbe erkennen: ελληνικά [elini**ka**] *(griechisch)*.

Das griechische Alphabet

Α α	**al**fa [a] ανανάς [ana**naß**] *(Ananas)*
Β β	**wi**ta [w] Βαβαρία [wawa**ri**a] *(Bayern)*
Γ γ	**ga**ma [g/j] [g] γάλα [**ga**la] *(Milch)* / [j] Γερμανία [jerma**ni**a] *(Deutschland)*
Δ δ	**ðel**ta [ð] δέκα [**ðe**ka] *(zehn)*
Ε ε	**ep**ßilon [e] Ελλάδα [e**la**ða] *(Griechenland)*
Ζ ζ	**si**ta [s] ζωή [so**i**] *(Leben)*

Η η **i**ta [i] Ηράκλειο [**i**raklio] *(Heraklion)*
Θ θ **θi**ta [θ] θεός [θe**oß**] *(Gott)*
Ι ι **jo**ta [i/j] [i] ιδέα [i**ðe**a] *(Idee)* / [j] καρδιά [kar**ðja**] *(Herz)*
Κ κ **ka**pa [k] κυρία [ki**ri**a] *(Frau)*
Λ λ **lam**ða [l] λαός [la**oß**] *(Volk)*
Μ μ mi [m] μόνος [**mo**noß] *(alleine)*
Ν ν ni [n] νερό [ne**ro**] *(Wasser)*
Ξ ξ xi [x] ξένος [**xe**noß] *(Fremder)*
Ο ο **o**mikron [o] όνομα [**o**noma] *(Name)*
Π π pi [p] πόλη [**po**li] *(Stadt)*
Ρ ρ ro [r] ράδιο [**ra**ðio] *(Radio)*
Σ σ, ς **ßig**ma [ß] σαλάτα [ßa**la**ta] *(Salat)*, όμορφος [**o**morfoß] *(hübsch)*
Τ τ taf [t] ταβέρνα [ta**wer**na] *(Lokal)*
Υ υ **ip**ßilon [i] υγεία [i**ji**a] *(Gesundheit)*
Φ φ fi [f] φίλος [**fi**loß] *(Freund)*
Χ χ chi [ch] χορός [cho**roß**] *(Tanz)*
Ψ ψ pßi [pß] ψάρι [**pßa**ri] *(Fisch)*
Ω ω o**me**ga [o] ώρα [**o**ra] *(Uhr, Zeit)*.

Erklärung der Lautschrift

- **g** wird im Griechischen weicher als im Deutschen gesprochen
- **ð** ist wie das englische stimmhafte th in that auszusprechen
- **θ** ist ein gelispeltes ß wie das stimmlose th im englischen thanks
- **s** ist stimmhaft wie in Vase
- **ß** ist ein stimmloses s wie in Wasser
- **ch** ist vor a, o und u wie das deutsche ach, vor e und i wie das deutsche ich auszusprechen

Besonderheiten der Aussprache

Vokale und Vokalkombinationen

Alle Vokale werden offen und halblang ausgesprochen.

ι, η, υ, οι, ει, υι = [i]
α = [a]
ε, αι = [e]
ο, ω = [o]
ου = [u]
αυ = [aw/af]
ευ = [ew/ef]

Konsonanten und Konsonantenverbindungen

p, t und k (π/τ/κ) werden im Griechischen nicht gehaucht. Sie klingen weicher als im Deutschen.

γγ = [ng]
γκ = [g/ng]
γχ = [ngch]
μπ = [b/mb]
ντ = [d/nd]
τζ = [ds]
τσ = [tß]

Doppelkonsonanten werden als *ein* Laut gesprochen:

κκ = [k]
λλ = [l]
μμ = [m] usw.

Betonung

Jedes Wort im Griechischen, das zwei oder mehrere Silben hat, bekommt einen Akzent (΄) auf dem betonten Vokal. Dieser Akzent ist notwendig, weil er die Bedeutung des Wortes verändern kann wie z. B.: πόλη [**po**li] *(Stadt)* – πολύ [po**li**] *(viel, sehr)*.

Bei Großbuchstaben sitzt der Akzent links vor dem betonten Vokal: Έλληνας [**e**linaß] *(Grieche)*.

Satzzeichen

Bis auf das Fragezeichen, das wie ein deutscher Strichpunkt (;) aussieht, verwendet man im Griechischen die gleichen Satzzeichen wie in der deutschen Sprache. Anstelle des Strichpunkts setzen die Griechen einen Punkt über der Zeile (·).

Großbuchstaben

Groß geschrieben werden im Griechischen nur Ortsnamen, Eigennamen, Wochentage, Monate, Titel und Feste: Πάσχα [**pa**ßcha] *(Ostern)*.

Kurzgrammatik

kG

Artikel

Im Griechischen gibt es männliche *(m)*, weibliche *(f)* und sächliche *(n)* Hauptwörter.

Bestimmter Artikel

Der bestimmte Artikel wird öfter als im Deutschen gebraucht. Er wird in der Regel auch vor Eigennamen, Ortsnamen, Monaten und Wochentagen sowie vor Berufsbezeichnungen gesetzt.

Im Griechischen werden wie im Deutschen drei bestimmte Artikel verwendet: männlich **ο** *(der)*, weiblich **η** *(die)* und sächlich **το** *(das)*.

Maskulinum/Femininum/Neutrum

Singular

Nom. ο [o] *(der)* / η [i] *(die)* / το [to] *(das)*
Gen. του [tu] *(des)* / της [tiß] *(der)* / του [tu] *(des)*
Akk. το(ν) [to(n)] *(den)* / τη(ν) [ti(n)] *(die)* / το [to] *(das)*

Plural

Nom. οι [i] / οι [i] / ta [ta] *(die)*
Gen. των [ton] / των [ton] / των [ton] *(der)*
Akk. τους [tuß] / τις [tiß] / τα [ta] *(die)*

Unbestimmter Artikel

Der unbestimmte Artikel wird nur im Singular gebildet.

Maskulinum/Femininum/Neutrum

Nom. ένας [enaß] *(ein)* / μια [mja] *(eine)* / ένα [ena] *(ein)*
Gen. ενός [e**noß**] *(eines)* / μιας [mjaß] *(einer)* / ενός [e**noß**] *(eines)*
Akk. ένα(ν) [ena(n)] *(einen)* / μια [mja] *(eine)* / ένα [ena] *(ein)*

Substantive

Der **Dativ** wird dadurch gebildet, daß man das Wort σε [ße] oder σ [ß] vor den Akkusativ setzt: στα παιδιά [ßta pe**ðja**] *(den Kindern)*.

Der **Vokativ** ist der Anredefall und verlangt keinen Artikel.

Es gibt in allen drei Geschlechtern verschiedene Deklinationstypen. Beispiele:

Maskulinum

Singular / Plural

-ος / -οι	ο κύριος [o **ki**rioß] / οι κύριοι [i **ki**rii] *(Herr)*
-ης / -ες	ο αγοραστής [o agora**ßtiß**] / οι αγοραστές [i agora**ßteß**] *(Käufer)*
-ας / -ες	ο τουρίστας [o tu**ri**ßtaß] / οι τουρίστες [i tu**ri**ßteß] *(Tourist)*
-ες / -δες	ο καφές [o ka**feß**] / οι καφέδες [i ka**fe**ðeß] *(Kaffee)*
-ους / -ουδες	ο παππούς [o pa**puß**] / οι παππούδες [i pa**pu**ðeß] *(Großvater)*
-ης / -ηδες	ο φούρναρης [o **fur**nariß] / οι φουρνάρηδες [i fur**na**riðeß] *(Bäcker)*

Beispiel: **ο κύριος** *(der Herr)* / **ο καφές** *(der Kaffee)*

Singular

Nom.	ο	κύριος [o **ki**rioß] / καφές [ka**feß**]
Gen.	του	κυρίου [tu ki**riu**] / καφέ [ka**fe**]
Akk.	τον	κύριο [ton **ki**rio] / καφέ [ka**fe**]
Vok.	–	κύριε [**ki**rie] / καφέ [ka**fe**]

Plural

Nom.	οι	κύριοι [i **ki**rii] / καφέδες [ka**fe**ðeß]
Gen.	των	κυρίων [ton ki**ri**on] / καφέδων [ka**fe**ðon]
Akk.	τους	κυρίους [tuß ki**ri**uß] / καφέδες [ka**fe**ðeß]
Vok.	–	κύριοι [**ki**rii] / καφέδες [ka**fe**ðeß]

Femininum

Singular / Plural

-α / -ες	η κυρία [i ki**ri**a] / οι κυρίες [i ki**ri**eß] *(Frau)*
-η / -ες	η αγάπη [i a**ga**pi] / οι αγάπες [i a**ga**peß] *(Liebe)*
-η / -εις	η κίνηση [i **ki**nißi] / οι κινήσεις [i ki**ni**ßiß] *(Verkehr)*
-ος / -οι	η οδός [i o**ðoß**] / οι οδοί [i o**ði**] *(Straße)*
-ου / -ουδες	η μαϊμού [i mai**mu**] / οι μαϊμούδες [i mai**mu**ðeß] *(Affe)*
-α / -αδες	η γιαγιά [i ja**ja**] / οι γιαγιάδες [i ja**ja**ðeß] *(Großmutter)*

Beispiel: **η κυρία** *(die Frau)* /
η οδός *(die Straße)*

Singular

Nom.	η	κυρία [i ki**ri**a] / οδός [o**ðoß**]
Gen.	της	κυρίας [tiß ki**ri**aß] / οδού [o**ðu**]
Akk.	την	κυρία [tin ki**ri**a] / οδό [o**ðo**]
Vok.	–	κυρία [ki**ri**a] / οδό [o**ðo**]

Plural

Nom.	οι	κυρίες [i ki**ri**eß] / οδοί [o**ði**]
Gen.	τών	κυριών [ton kiri**on**] / οδών [o**ðon**]
Akk.	τις	κυρίες [tiß ki**ri**eß] / οδούς [o**ðuß**]
Vok.	–	κυρίες [ki**ri**eß] / οδοί [o**ði**]

Neutrum

Singular / Plural

-ο / -α	το νερό [to ne**ro**] / τα νερά [ta ne**ra**] *(Wasser)*
-ι / -ια	το παιδί [to pe**ði**] / τα παιδιά [ta pe**ðja**] *(Kind)*
-ος / -η	το μέρος [to **me**roß] / τα μέρη [ta **me**ri] *(Ort)*
-ο / -α	το παγωτό [o pago**to**] / τα παγωτά [ta pago**ta**] *(Eis)*
-μα / -ματα	το κύμα [to **ki**ma] / τα κύματα [ta **ki**mata] *(Welle)*
-ας / -ατα	το κρέας [to **kre**aß] / τα κρέατα [to **kre**ata] *(Fleisch)*

-ως / -ώτα	το φως [to foß] / τα φώτα [ta **fo**ta] *(Licht)*
-ψιμο / -ψιματα	το γράψιμο [to **gra**pßimo] / τα γραψίματα [ta grap**ßi**mata] *(Schreiben)*

G

Beispiel: **το παιδί** *(das Kind)* / **το παγωτό** *(das Eis)*

Singular

Nom.	το	παιδί [to pe**ði**] / παγωτό [pago**to**]
Gen.	του	παιδιού [tu pe**ðju**] / παγωτού [pago**tu**]
Akk.	το	παιδί [to pe**ði**] / παγωτό [pago**to**]
Vok.	–	παιδί [pe**ði**] / παγωτό [pago**to**]

Plural

Nom.	τα	παιδιά [ta pe**ðja**] / παγωτά [pajo**ta**]
Gen.	τών	παιδιών [ton pe**ðjon**] / παγωτών [pago**ton**]
Akk.	τα	παιδιά [ta pe**ðja**] / παγωτά [pago**ta**]
Vok.	–	παιδιά [pe**ðja**] / παγωτά [pago**ta**]

Adjektive

Das Adjektiv wird in der Regel vor das Hauptwort gestellt und in Geschlecht und Zahl angeglichen, auch dann, wenn es nicht unmittelbar beim Hauptwort steht: το κόκκινο αυτοκίνητο [to **ko**kino afto**ki**nito] *(das rote Auto)*. Τό αυτοκίνητο της Μαρίας είναι κόκκινο. [to afto**ki**nito tiß Ma**ri**aß **i**ne **ko**kino] *(Marias Auto ist rot.)*

Einige Adjektivendungen:

-ος / **-η** / **-ο:** όμορφος [**o**morfoß] / όμορφη [**o**morfi] / όμορφο [**o**morfo] *(hübsch)*

-ος / **-α** / **-ο:** νέος [**ne**oß] / νέα [**ne**a] / νέο [**ne**o] *(jung)*. Dazu gehören Adjektive, die einen Vokal vor der Endung haben.

-ος / **-ια** / **-ο:** φρέσκος [**fre**ßkoß] / φρέσκια [**fre**ßkia] / φρέσκο [**fre**ßko] *(frisch)*

-υς / **-ια** / **-υ:** βαθύς [wa**θiß**] / βαθιά [wa**θja**] / βαθύ [wa**θi**] *(tief)*.

Steigerung des Adjektives

Adjektive werden durch Voranstellung von **πιο** [pjo] *(mehr)* oder durch Anhängen von **-τερος** [-teroß] gesteigert: όμορφος [**o**morfoß] *(hübsch)* – πιο όμορφος [pjo **o**morfoß] oder ομορφότερος [omor**fo**teroß] *(hübscher)*.

Im Superlativ kommt der bestimmte Artikel hinzu, oder **-τατος** wird angehängt: ο πιο όμορφος [o pjo **o**morfoß] oder ομορφότατος [omor**fo**tatoß] *(der hübscheste)*.

Ausnahmen bilden:
καλός [ka**loß**] *(gut)* – καλύτερος [ka**li**teroß] *(besser)* – άριστος [**a**rißtoß] *(am besten)*;
μικρός [mi**kroß**] *(klein)* – μικρότερος [mi**kro**teroß] *(kleiner)* – ελάχιστος [e**la**chißtoß] *(am kleinsten)*;
μεγάλος [me**ga**loß] *(groß)* – μεγαλύτερος [mega**li**teroß] *(größer)* – μέγιστος [**me**jißtoß] *(am größten)*.

Adverbien

Die meisten Adverbien werden durch Anhängen der Endung **-a** an das Adjektiv gebildet: καλός [ka**loß**] – καλά [ka**la**] *(gut)*; ωραίος [o**re**oß] – ωραία [o**re**a] *(schön)*.

Einige Wörter haben die historische Adverbbildung auf **-ως** beibehalten: δυστυχής [ðißti**chiß**] – δυστυχώς [ðißti**choß**] *(leider)*.

Ausnahmen bilden:
πολύς [po**liß**] – πολύ [po**li**] *(sehr)*;
λίγος [**li**goß] – λίγο [**li**go] *(wenig)*.

Pronomen

Personalpronomen

Nominativ

Singular	*Plural*
εγώ [e**go**] *(ich)*	εμείς [e**miß**] *(wir)*
εσύ [e**ßi**] *(du)*	εσείς [e**ßiß**] *(ihr/Sie)*

αυτός [af**toß**] *(er)*	αυτοί [af**ti**] *(sie) (m)*
αυτή [af**ti**] *(sie)*	αυτές [af**teß**] *(sie) (f)*
αυτό [af**to**] *(es)*	αυτά [af**ta**] *(sie) (n)*

Dativ

Singular	*Plural*
μου [mu] *(mir)*	μας [maß] *(uns)*
σου [ßu] *(dir)*	σας [ßaß] *(euch/Ihnen)*
του [tu] *(ihm) (m/n)*	τους [tuß] *(ihnen) (m/f/n)*
της [tiß] *(ihr)*	

Akkusativ

Singular	*Plural*
με [me] *(mich)*	μας [maß] *(uns)*
σε [ße] *(dich)*	σας [ßaß] *(euch/Ihnen)*
τον [ton] *(ihn)*	τους [tuß] *(sie) (m)*
την [tin] *(sie)*	τις [tiß] *(sie) (f)*
το [to] *(es)*	τα [ta] *(sie) (n)*

Possessivpronomen

Die Possessivpronomen stehen nach dem Substantiv und sind identisch mit der Dativform des Personalpronomens: η μπίρα **μου** [i **bi**ra mu] *(mein Bier)* / ο καφές **σου** [o ka**feß** ßu] (dein Kaffee).
μου *(mein/meine/mein)*,
σου *(dein/deine/dein)*,
του *(sein/seine/sein)* usw.

Demonstrativpronomen

Singular: αυτός [af**toß**] *(dieser)* / αυτή [af**ti**] (diese) / αυτό [af**to**] *(dieses)*
Plural: αυτοί [af**ti**] / αυτές [af**teß**] / αυτά [af**ta**] *(diese)*

Sie werden vor das Substativ gestellt bzw. vor den Artikel und wie Adjektive gebraucht: Αυτό το βράδυ περάσαμε ωραία! [af**to** to **wra**ði pe**ra**ßame o**rea**] *(Dieser Abend war schön!)*

Verben

In der Regel fallen die Personalpronomen weg, da die Person aus der Endung des Verbs hervorgeht. Einen Infinitiv gibt es nicht. Man verwendet dafür die 1. Person Präsens (Ichform).

Präsens

αγοράζω [ago**ra**so] *(kaufen):*
αγοράζω [ago**ra**so] *(ich kaufe)*
αγοράζεις [ago**ra**siß] *(du kaufst)*
αγοράζει [ago**ra**si] *(er/sie/es kauft)*
αγοράζουμε [ago**ra**sume] *(wir kaufen)*
αγοράζετε [ago**ra**sete] *(ihr kauft/ Sie kaufen)*
αγοράζουν [ago**ra**sun] *(sie kaufen)*

έχω [**e**cho] *(haben):*
έχω [**e**cho] *(ich habe)*
έχεις [**e**chiß] *(du hast)*
έχει [**e**chi] *(er/sie/es hat)*
έχουμε [**e**chume] *(wir haben)*
έχετε [**e**chete] *(ihr habt/Sie haben)*
έχουν [**e**chun] *(sie haben)*

είμαι [**i**me] *(sein):*
είμαι [**i**me] *(ich bin)*
είσαι [**i**ße] *(du bist)*
είναι [**i**ne] *(er/sie/es ist)*
είμαστε [**i**maßte] *(wir sind)*
είστε [**i**ßte] *(ihr seid/Sie sind)*
είναι [**i**ne] *(sie sind)*

μπορώ [bo**ro**] *(können):*
μπορώ [bo**ro**] *(ich kann)*
μπορείς [bo**riß**] *(du kannst)*
μπορεί [bo**ri**] *(er/sie/es kann)*
μπορούμε [bo**ru**me] *(wir können)*
μπορείτε [bo**ri**te] *(ihr könnt/ Sie können)*
μπορούν [bo**run**] *(sie können)*

θέλω [**θe**lo] *(wollen, mögen):*
θέλω [**θe**lo] *(ich will, mag)*
θέλεις [**θe**liß] *(du willst, magst)*
θέλει [**θe**li] *(er/sie/es will, mag)*
θέλουμε [**θe**lume] *(wir wollen, mögen)*
θέλετε [**θe**lete] *(ihr wollt/Sie wollen, ihr mögt/Sie mögen)*
θέλουν [**θe**lun] *(sie wollen, sie mögen)*

Verneinung

Die Verneinung wird mit **δεν** [ðen] *(nicht)* gebildet und direkt vor das Verb gestellt. Δεν πάω στο σινεμά. [ðen **pa**o ßto ßine**ma**] *(Ich gehe nicht ins Kino.)*

Eine Institution besonderer Art und immer gesprächsbereit – der griechische Pope

Allgemeines

Begrüßung und Verabschiedung

Guten Morgen.	Καλημέρα. [kali**me**ra]
Guten Tag.	Χαίρετε. [**che**rete]
Guten Abend.	Καλησπέρα. [kali**ßpe**ra]
Gute Nacht.	Καληνύχτα. [kali**ni**chta]
Wie geht's?	Τι γίνεται; [ti **ji**nete]
Wie geht es *Ihnen/Dir?*	Τι *κάνετε/κάνεις*; [ti ***ka**nete/**ka**niß*]
* Καλά, ευχαριστώ. [ka**la** efchari**ßto**]	Danke, gut.
Und *Ihnen/Dir?*	Κι *εσείς/εσύ*; [ki ***eßiß**/e**ßi***]
Auf Wiedersehen.	Αντίο. [a**di**o]
Tschüß!	Γεια χαρά. [ja cha**ra**]
Bis bald.	Τα λέμε σύντομα. [ta **le**me **ßi**ndoma]
Bis morgen.	Μέχρι αύριο. [**me**chri **aw**rio]
Grüße an alle.	Χαιρετίσματα σε όλους. [chere**ti**smata ße **o**luß]
Vielen Dank für alles.	Ευχαριστώ για όλα. [efchari**ßto** ja **o**la]
Es hat *mir/uns* sehr gefallen.	*Μου/Μας* άρεσε πάρα πολύ. [*mu/maß* **a**reße **pa**ra po**li**]
* Καλό ταξίδι! [ka**lo** ta**xi**ði]	Gute Reise!

Anrede und Vorstellung

Herr/Frau/Fräulein ...	Κύριε/Κυρία/Δεσποινίς ... [**ki**rie/ki**ri**a/ðeßpi**niß**]
Wie *heißen Sie/heißt Du?*	Πώς *λέγεστε/λέγεσαι*; [poß ***le**jeßte/**le**jeße*]
Ich heiße ...	Λέγομαι ... [**le**gome]

Das ist/sind	**Από δω είναι** [apo ðo ine]
mein *Mann/Freund*	*ο άντρας/ο φίλος* μου [*o* **an***draß/o* **fi***loß* mu]
meine *Frau/Freundin*	*η γυναίκα/η φίλη* μου [*i jineka/i* **fi***li* mu]
meine Tochter/mein Sohn.	η κόρη μου/ο γιος μου. [i **ko**ri mu/o joß mu]
Sehr erfreut!	Χαίρω πολύ! [**che**ro po**li**]
Gleichfalls.	Επίσης. [e**pi**ßiß]
Woher *kommst du/ kommen Sie?*	Από πού *είσαι/είστε;* [a**po** pu *iße/ißte*]
Ich bin/Wir sind	**Είμαι/Είμαστε** [**i**me/**i**maßte]
aus Deutschland	από τη Γερμανία [a**po** ti jerma**ni**a]
aus Österreich	από την Αυστρία [a**po** tin af**ßtri**a]
aus der Schweiz.	από την Ελβετία. [a**po** tin elwe**ti**a]
Wir wohnen	**Μένουμε** [**me**nume]
in ...	σε ... [ße]
im Hotel ...	στο ξενοδοχείο ... [ßto xenoðo**chi**o]
bei Freunden.	σε φίλους. [ße **fi**luß]

Verständigung

Sprechen Sie/Sprichst Du	**Μιλάτε/Μιλάς** [mi**la**te/mi**laß**]
Deutsch/Englisch	γερμανικά/αγγλικά [jermani**ka**/angli**ka**]
Griechisch?	ελληνικά; [elini**ka**]
Ich spreche/Wir sprechen kein Griechisch.	Δεν *μιλάω/μιλάμε* ελληνικά. [ðen *mi***la***o/mi***la***me* elini**ka**]
Ich spreche nur ein bißchen.	Μιλάω μόνο λίγα. [mi**la**o **mo**no **li**ga]
Wie heißt das?	Πώς λέγεται αυτό; [poß **le**jete af**to**]

Begrüßung und Verabschiedung auf Griechisch

Καλημέρα! [kali**me**ra] heißt *Guten Morgen!* und wird üblicherweise bis etwa 12 Uhr verwendet. Nach 12 Uhr begrüßt oder verabschiedet man sich in Griechenland mit **Χαίρετε!** [**che**rete] *(Freut Euch!)* oder **Γεια σας!** [ja Baß] *(Auf Ihre Gesundheit!)* und bei Leuten, die man duzt mit **Γεια σου!** [ja ßu] *(Auf deine Gesundheit!).* Allerdings wird man in Griechenland sehr schnell mit „Du" und dem Vornamen angesprochen.

Καλωσόρισες! [kalo**ßo**rißeß] *(Herzlich willkommen!)* ist ein Grußwort, das üblicherweise von Küßchen und Umarmung begleitet wird – und das nicht nur unter Frauen und Kindern, sondern auch unter Männern, die sich nach einer Reise oder längerer Trennung wiedertreffen.

Mit **Χρόνια πολλά!** [**Chro**nia po**la**] (*Herzlichen Glückwunsch!* – eigentlich: Langes Leben!) begrüßen sich die Griechen während der Weihnachts-, Neujahrs- und Osterzeit. Der gleiche Gruß wird, verbunden mit einem kleinen Geschenk, bei Geburts- oder Namenstagen benutzt. Übrigens: Weihnachtsgeschenke bringt in Griechenland nicht das Christkind, sondern der Agios Bassilis, und zwar erst zu Beginn des neuen Jahres.

Wie bitte?	Ορίστε; [o**ri**ßte]
Was bedeutet das?	Τι σημαίνει αυτό; [ti ßi**me**ni af**to**]
Haben Sie verstanden?	Καταλάβατε; [kata**la**wate]
Hast Du verstanden?	Κατάλαβες; [ka**ta**laweß]
Ich verstehe nicht.	Δεν καταλαβαίνω. [ðen katala**we**no]
Langsamer bitte!	Πιο αργά παρακαλώ! [pjo ar**ga** paraka**lo**]
Bitte nochmal!	Άλλη μια φορά παρακαλώ! [**a**li mja fo**ra** paraka**lo**]
Können Sie mir das aufschreiben	**Μπορείτε να μου το** [bo**ri**te na mu to] γράψετε [**grap**ßete]
erklären	εξηγήσετε [exi**ji**ßete]
übersetzen?	μεταφράσετε; [meta**fra**ßete]

Höflichkeitsfloskeln

Bitte.	Παρακαλώ. [paraka**lo**]
Danke./Vielen Dank.	Ευχαριστώ./Ευχαριστώ πολύ. [efchari**ßto**/efchari**ßto** po**li**]
Danke, gleichfalls.	Ευχαριστώ, επίσης. [efchari**ßto** e**pi**ßiß]
Gern!	Ευχαρίστως! [efcha**ri**ßtoß]
Danke für *Ihre Mühe/ Ihre Hilfe*.	Ευχαριστώ για *τον κόπο σας/τη βοήθειά σας*. [efchari**ßto** ja *ton* ***ko**po ßaß/ti woi**θia** ßaß*]
* Παρακαλώ./Τίποτα. [paraka**lo**/**ti**pota]	Bitte./Keine Ursache.
Entschuldigung.	Συγνώμη. [ßi**gno**mi]
* Δεν πειράζει. [ðen pi**ra**si]	Das macht nichts.
Einen Augenblick, bitte!	Ένα λεπτό, παρακαλώ! [**e**na le**pto** paraka**lo**]
Das ist sehr nett von Ihnen.	Πολύ ευγενικό εκ μέρους σας. [po**li** ewjeni**ko** ek **me**ruß ßaß]
Das tut mir leid.	Λυπάμαι. [li**pa**me]
Wie schade!	Τι κρίμα! [ti **kri**ma]
Ihr seid/Du bist herzlich *willkommen!*	Καλώς *ήρθατε/ήρθες*! [ka**loß** *irθate/irθeß*]
Herzlichen Glückwunsch zu *Ihrem/Deinem* Geburtstag	**Χρόνια πολλά** [**chro**nja po**la**] για τα γενέθλιά *σας/σου* [ja ta je**ne**θlia *ßaß/ßu*]
zu *Ihrem/Deinem* Namenstag!	για τη γιορτή *σας/σου*! [ja ti jor**ti** *ßaß/ßu*]
Viel Vergnügen!	Καλή διασκέδαση! [ka**li** ðia**ßke**ðaßi]
Gute Besserung!	Περαστικά! [peraßti**ka**]
Viel *Erfolg/Glück!*	Καλή *επιτυχία/τύχη*! [ka**li** *epiti**chia**/**ti**chi*]
Gute Reise!	Καλό ταξίδι! [ka**lo** ta**xi**ði]
Schöne Ferien!	Καλές διακοπές! [ka**leß** ðiako**peß**]
Frohe Weihnachten!	Καλά Χριστούγεννα! [ka**la** chri**ßtu**jena]
Frohe Ostern!	Καλό Πάσχα! [ka**lo** **pa**ßcha]
Ein frohes Neues Jahr!	Ευτυχισμένος ο καινούργιος χρόνος! [eftichis**me**noß o ke**nur**joß **chro**noß]

„Ja" und „nein" – ein kleines Verwirrspiel

Ναι [ne] heißt im Griechischen „ja", **όχι** [ochi] „nein". Wenn Sie in besonders wichtigen Situationen auf Nummer sicher gehen möchten, dann antworten Sie mit **μάλιστα** [malißta] *(jawohl)*. Übrigens begleiten in Griechenland häufig Gesten und Mimik die sprachliche Kommunikation. Sagt ein Grieche „nein", so nickt er dabei häufig mit dem Kopf, zieht die Augenbrauen nach oben und schnalzt mit der Zunge – eine für uns ungewöhnliche Unterstreichung des Gesagten, deren Sinn leicht mißverstanden werden kann.

Sich kennenlernen

Darf ich mich zu Ihnen setzen?	Μου επιτρέπετε να καθήσω δίπλα σας; [mu epi**tre**pete na ka**θi**ßo **ði**pla ßaß]
Gestatten Sie?	Μου επιτρέπετε; [mu epi**tre**pete]
Sind Sie/Bist Du	**Είστε/Είσαι** [ißte/iße]
alleine unterwegs	μόνος *(m)* / μόνη *(f)* στο δρόμο [**mo**noß/**mo**ni ßto **ðro**mo]
mit jemandem unterwegs	με παρέα στο δρόμο [me pa**re**a ßto **ðro**mo]
verheiratet?	παντρεμένος *(m)* / παντρεμένη *(f)*; [pandre**me**noß/pandre**me**ni]
Hast Du *einen Freund/eine Freundin*?	Έχεις *ένα φίλο/μια φίλη*; [echiß *ena **fi**lo/mja **fi**li*]
Wie alt bist Du?	Πόσο χρονών είσαι; [**po**ßo chro**non** iße]
Ich bin 25 Jahre alt.	Είμαι είκοσι πέντε χρονών. [ime **i**koßi **pe**nde chro**non**]
Was *sind Sie/bist Du* von Beruf?	Τι δουλειά *κάνετε/κάνεις*; [ti ðu**lja** ***ka**nete/**ka**niß*]
Ich bin	**Είμαι** [ime]
Schüler/Schülerin	μαθητής/μαθήτρια [maθi**tiß**/ma**θi**tria]
Student/Studentin	φοιτητής/φοιτήτρια [fiti**tiß**/fi**ti**tria]
Angestellte(r).	υπάλληλος. [i**pa**liloß]
Möchten Sie etwas trinken?	Θέλετε να πιείτε κάτι; [**θe**lete na **pji**te **ka**ti]
Ja, gerne, gute Idee.	Ναι, ευχαρίστως, καλή ιδέα. [ne efcha**ri**ßtoß ka**li** i**ðe**a]
Warum nicht?	Γιατί όχι; [ja**ti** **o**chi]
Nein, danke.	Όχι, ευχαριστώ. [**o**chi efchari**ßto**]
Vielleicht ein andermal.	Ίσως μια άλλη φορά. [**i**ßoß mja **a**li fo**ra**]
Vielleicht später.	Ίσως αργότερα. [**i**ßoß ar**go**tera]
Gefällt es *Ihnen/Dir* hier?	*Σας/Σου* αρέσει εδώ; [*ßaß/ßu* a**re**ßi e**ðo**]
Uns/Mir gefällt es sehr gut.	*Μας/Μου* αρέσει πάρα πολύ. [*maß/mu* a**re**ßi **pa**ra po**li**]
Sind Sie/Bist Du zum ersten Mal hier?	*Είστε/Είσαι* για πρώτη φορά εδώ; [*ißte/iße* ja **pro**ti fo**ra** e**ðo**]
Nein, ich war schon einmal in …	Όχι, ήμουν ήδη μια φορά σε … [**o**chi **i**mun **i**ði mja fo**ra** ße]

Kennen Sie/Kennst Du Deutschland?	*Ξέρετε/Ξέρεις* τη Γερμανία; [***xe**rete/**xe**riß* ti jerma**ni**a]
Besuchen Sie/Besuche mich doch einmal.	*Ελάτε/Έλα* και μια φορά σε μένα. [*e**la**te/**e**la* ke mja fo**ra** ße **me**na]
Hier ist meine Adresse.	Ορίστε η διεύθυνσή μου. [o**ri**ßte i ðie**f**θin**ßi** mu]
Wie lange *sind Sie/bist Du* schon hier?	Πόσο καιρό *είστε/είσαι* ήδη εδώ; [**po**ßo ke**ro** *i**ß**te/i**ß**e* **i**ði e**ðo**]
Seit einer Woche.	Εδώ και μια εβδομάδα. [e**ðo** ke mja ewðo**ma**ða]
Seit zwei Tagen.	Εδώ και δύο ημέρες. [e**ðo** ke **ði**o i**me**reß]
Wie lange *bleiben Sie/bleibst Du* noch hier?	Πόσο θα *μείνετε/μείνεις* εδώ ακόμα; [**po**ßo θa ***mi**nete/**mi**niß* e**ðo** a**ko**ma]
Noch *eine Woche/zwei Tage.*	*Μια βδομάδα/Δύο ημέρες* ακόμα. [*mja wðo**ma**ða/**ði**o i**me**reß* a**ko**ma]
Wollen wir *heute/morgen* zusammen	**Θέλετε *σήμερα/αύριο* ... μαζί;** [**θe**lete ***ßi**mera/**a**wrio* ... ma**si**]
essen	να φάμε [na **fa**me]
ausgehen	να βγούμε έξω [na **wgu**me **e**xo]
ins Kino gehen/zum Tanzen gehen	να πάμε στο σινεμά/να πάμε για χορό [na **pa**me ßto ßine**ma**/na **pa**me ja cho**ro**]
Sport treiben	να κάνουμε σπορ [na **ka**nume ßpor]
spielen?	να παίξουμε [na **pe**xume]
Einverstanden, in Ordnung!	Σύμφωνοι, εντάξει! [**ßim**foni en**da**xi]
Nein, ich möchte nicht.	Όχι, δεν θέλω. [**o**chi, ðen **θe**lo]
Ich kann leider nicht.	Δυστυχώς δεν μπορώ. [ðißti**choß** ðen bo**ro**]
Wann/Wo treffen wir uns?	*Πότε/Πού* να συναντηθούμε; [***po**te/pu* na ßinandi**θu**me]
Um 7 Uhr vor dem Kino.	Στις επτά η ώρα μπροστά στο σινεμά. [ßtiß ep**ta** i **o**ra bro**ßta** ßto ßine**ma**]
Kann ich *Sie/Dich*	**Μπορώ να *σας/σε*** [bo**ro** na *ßaß/ße*]
abholen	πάρω [**pa**ro]
nach Hause/zum Bus bringen?	πάω *στο σπίτι/στο λεωφορείο*; [**pa**o *ßto **ßpi**ti/ßto leofo**ri**o*]
Nein, das ist nicht nötig.	Όχι, δεν είναι ανάγκη. [**o**chi ðen **i**ne a**na**ngi]
Es war sehr schön.	Ήταν πολύ ωραία. [**i**tan po**li** o**re**a]
Wann treffen wir uns wieder?	Πότε θα ξανασυναντηθούμε; [**po**te θa xanaßinandi**θu**me]
Das gefällt mir nicht.	Δεν μου αρέσει. [ðen mu a**re**ßi]
Dazu habe ich keine Lust.	Δεν έχω όρεξη για αυτό. [ðen **e**cho **o**rexi ja af**to**]
Lassen Sie/Laß mich in Ruhe!	*Αφήστε/Άσε* με ήσυχη! [*a**fi**ßte/**a**ße* me **i**ßichi]
Bitte gehen Sie!/Bitte geh!	Σας παρακαλώ φύγετε!/Σε παρακαλώ φύγε! [ßaß paraka**lo** **fi**jete/ße paraka**lo** **fi**je]

Fragen

Was ist das?	Τι είναι αυτό; [ti **i**ne af**to**]
Was kostet das?	Πόσο κοστίζει αυτό; [**po**ßo ko**ßti**si af**to**]

Wo *ist/gibt es ...?*	Πού *είναι/υπάρχει* ...; [pu *ine/iparchi*]
Wohin fährt ...?	Πού πάει ...; [pu **pai**]
Wie heißt das?	Πως λέγεται αυτό; [poß **le**jete af**to**]
Wie lange dauert das?	Πόσο διαρκεί αυτό; [**po**ßo ðiar**ki** af**to**]
Wann beginnt das Konzert?	Πότε αρχίζει η συναυλία; [**po**te ar**chi**si i ßinaw**li**a]
Wieviele *Kilometer/Minuten* sind es?	Πόσα *χιλιόμετρα/λεπτά* είναι; [**po**ßa *chil**jo**metra/le**pta*** **i**ne]
Können Sie	**Μπορείτε** [bo**ri**te]
mir helfen	να με βοηθήσετε [na me woi**θi**ßete]
mir das zeigen?	να μου το δείξετε; [na mu to **ði**xete]
Kann ich Ihnen helfen?	Μπορώ να σας βοηθήσω; [bo**ro** na ßaß woi**θi**ßo]

Fragewörter

Was?	Τι; [ti]
Wer?/Welcher?	Ποιος; [pjoß]
Wo?/Wohin?	Πού; [pu]
Wie?	Πως; [poß]
Wieviel?/Wieviele?	Πόσος; [**po**ßoß] / Πόσοι; [**po**ßi]
Wann?	Πότε; [**po**te]
Wie lange?	Πόση ώρα; [**po**ßi **o**ra]
Warum?	Γιατί; [ja**ti**]
Wofür?	Για τι; [ja ti]

Uhrzeit

Wie spät ist es (genau), bitte?	Τι ώρα είναι (ακριβώς), παρακαλώ; [ti **o**ra **i**ne (akri**woß**) paraka**lo**]
Es ist	**Είναι** [**i**ne]
1/2 Uhr	*μια/δύο* η ώρα [*mja/**ði**o* i **o**ra]
Viertel nach 3	τρεις και τέταρτο [triß ke **te**tarto]
Viertel vor 5	πέντε παρά τέταρτο [**pe**nde pa**ra** **te**tarto]
15 Uhr 20	τρεις και είκοσι [triß ke **i**koßi]
halb 4	τρεις και μισή [triß ke mi**ßi**]
5 Minuten vor 6	έξι παρά πέντε [**e**xi pa**ra** **pe**nde]
12 Uhr *mittags/ Mitternacht.*	δώδεκα η ώρα *το μεσημέρι/ τα μεσάνυχτα.* [**ðo**ðeka i **o**ra *to meßi**me**ri/ ta me**ßa**nichta*]
Um wieviel Uhr müssen wir da sein?	Τι ώρα πρέπει να είμαστε εκεί; [ti **o**ra **pre**pi na **i**maßte e**ki**]
Ungefähr/Pünktlich um 12 Uhr.	*Περίπου/Ακριβώς* στις δώδεκα η ώρα. [*pe**ri**pu/akri**woß*** ßtiß **ðo**ðeka i **o**ra]
Wann gibt es *Frühstück/ Mittagessen/Abendessen?*	Πότε σερβίρεται το *πρωινό/ μεσημεριανό/βραδινό φαγητό;* [**po**te ßer**wi**rete to *proi**no**/meßimerja**no**/ wraði**no** faji**to***]
* Από τις οκτώ μέχρι τις εννέα η ώρα. [a**po** tiß o**kto** **me**chri tiß e**ne**a i **o**ra]	Von 8 bis 9 Uhr.

Datum

Den wievielten haben wir heute?	Πόσες του μήνα έχουμε σήμερα; [**po**ßeß tu **mi**na **e**chume **ßi**mera]
Heute ist der *1./2./15.* August.	Σήμερα είναι η *πρώτη/δύο/δεκαπέντε* Αυγούστου. [**ßi**mera **i**ne i ***pro**ti/**ði**o/ðeka**pe**nde* aw**gu**ßtu]
Wir kommen am 20. Mai an.	Θα έρθουμε στις είκοσι Μαΐου. [θa **er**θume ßtiß **i**koßi ma**i**u]
Wir bleiben bis 30. August.	Θα μείνουμε μέχρι τις τριάντα Αυγούστου. [θa **mi**nume **me**chri tiß tri**a**nda aw**gu**ßtu]

Das Griechische in der deutschen Sprache

Wußten Sie, daß es in der deutschen Sprache viele Wörter gibt, die aus dem Griechischen stammen? Dazu gehören alle Hauptwörter, die auf -pathie (z. B. Sympathie), -graphie (z. B. Biographie) oder -thek (z. B. Bibliothek) enden. Auch Polyglott ist griechisch und heißt „vielsprachig".

Wochentage

Montag Δευτέρα [ðef**te**ra]
Dienstag Τρίτη [**tri**ti]
Mittwoch Τετάρτη [te**tar**ti]
Donnerstag Πέμπτη [**pe**mbti]
Freitag Παρασκευή [paraßke**wi**]
Samstag Σάββατο [**ßa**wato]
Sonntag Κυριακή [kirja**ki**]

Monate

Januar Ιανουάριος [ianu**a**rioß]
Februar Φεβρουάριος [fewru**a**rioß]
März Μάρτιος [**mar**tioß]
April Απρίλιος [a**pri**lioß]
Mai Μάιος [**ma**ioß]
Juni Ιούνιος [i**u**nioß]
Juli Ιούλιος [i**u**lioß]
August Αύγουστος [**aw**gußtoß]
September Σεπτέμβριος [ßep**tem**wrioß]
Oktober Οκτώβριος [ok**to**wrioß]
November Νοέμβριος [no**em**wrioß]
Dezember Δεκέμβριος [ðe**kem**wrioß]

Jahreszeiten

Frühling άνοιξη [**a**nixi]
Sommer καλοκαίρι [kalo**ke**ri]
Herbst φθινόπωρο [fθi**no**poro]
Winter χειμώνας [chi**mo**naß]
Hoch-/Nebensaison *υψηλή/χαμηλή* περίοδος [*ipßi**li**/chami**li*** pe**ri**oðoß]

Ich bin geboren/ Ich habe Geburtstag am 12. Januar (1960).
Γεννήθηκα/Έχω γενέθλια στις δώδεκα Ιανουαρίου (χίλια εννιακόσια εξήντα). [*jeniθika/**e**cho jene**θ**lia* ßtiß **ðo**ðeka ianu**a**riu (**chi**lja enja**ko**ßja e**xi**nda)]

Wetter

Wie schön es heute ist!
Τι ωραία που είναι σήμερα! [ti o**re**a pu **i**ne **ßi**mera]

Bleibt das Wetter so *schlecht/ schön*?
Θα παραμείνει ο καιρός έτσι *άσχημος/ωραίος*; [θa para**mi**ni o ke**roß** **e**tßi ***a**ßchimoß/o**re**oß*]

Was sagt der Wetterbericht?
Τι λέει το δελτίο καιρού; [ti **läi** to ðel**ti**o ke**ru**]

Es wird *kälter/wärmer*.
Θα κάνει πιο πολύ *κρύο/ζέστη*. [θa **ka**ni pjo po**li** ***kri**o/**se**ßti*]

Es ist *heiß/schwül/windig/ stürmisch/neblig*.
Έχει *πολλή ζέστη/αποπνιχτική ζέστη/αέρα/θύελλα/ομίχλη*. [**e**chi *po**li** **se**ßti/ apopnichti**ki** **se**ßti/a**e**ra/**θi**ela/o**mi**chli*]

Heute/Morgen soll es *regnen/ schneien*.
Σήμερα/Αύριο πρόκειται *να βρέξει/να χιονίσει*. [***ßi**mera/**aw**rio* **pro**kite *na **wre**xi/na chio**ni**ßi*]

Wie lange regnet es schon?
Πόσες ώρες βρέχει ήδη; [**po**ßeß **o**reß **wre**chi **i**ði]

Wann hört es auf zu regnen?
Πότε θα σταματήσει να βρέχει; [**po**te θa ßtama**ti**ßi na **wre**chi]

Wieviel Grad haben wir?
Πόσους βαθμούς έχουμε; [**po**ßuß waθ**muß** **e**chume]

25 Grad (im Schatten).
Είκοσι πέντε βαθμούς (στη σκιά). [**i**koßi **pe**nde waθ**muß** (ßti ßki**a**)]

Maßeinheiten

cm/m/km	εκατοστό/μέτρο/χιλιόμετρο [ekatoß**to**/**me**tro/chil**jo**metro]
m^2/km^2/ha	τετραγωνικό μέτρο/τετραγωνικό χιλιόμετρο/εκτάριο [tetragoni**ko** **me**tro/ tetragoni**ko** chil**jo**metro/ek**ta**rio]
m^3	κυβικό μέτρο [kiwi**ko** **me**tro]
Meile	μίλι [**mi**li]
km/h	χιλιόμετρο την ώρα [chil**jo**metro tin **o**ra]
(1/4) Liter	(ένα τέταρτο) λίτρο [(**e**na **te**tarto) **li**tro]
1/2 Liter	μισό λίτρο [mi**so** **li**tro]
Gramm/Kilo/Tonne	γραμμάριο/κιλό/τόνος [gra**ma**rio/ki**lo**/**to**noß]
Sekunde/Minute/Stunde	δευτερόλεπτο/λεπτό/ώρα [ðefte**ro**lepto/le**pto**/**o**ra]
Tag/Woche/Monat/Jahr	ημέρα/εβδομάδα/μήνας/χρόνος [i**me**ra/ewðo**ma**ða/**mi**naß/**chro**noß]
Dutzend/Paar/Portion	δωδεκάδα/ζευγάρι/μερίδα [ðoðe**ka**ða/sew**ga**ri/me**ri**ða]

Farben

Ich suche eine *blaue/schwarze* Hose.
Ψάχνω ένα *μπλε/μαύρο* παντελόνι. [**pßa**chno **e**na *ble/**maw**ro* pande**lo**ni]

Haben Sie dieses Hemd
Έχετε αυτό το πουκάμισο [**e**chete af**to** to pu**ka**mißo]

auch in Weiß
και σε άσπρο [ke ße **a**ßpro]

in einer anderen Farbe?
σ΄ ένα άλλο χρώμα; [ßena **a**lo **chro**ma]

Diese Farbe
Αυτό το χρώμα [af**to** to **chro**ma]

gefällt mir nicht
δεν μου αρέσει [ðen mu a**re**ßi]

ist mir *zu hell/zu dunkel.*
μου είναι *πολύ ανοιχτό/πολύ σκούρο.* [mu **i**ne *po**li** ani**chto**/po**li** ß**ku**ro*]

Farben

beige μπεζ [bes]
blau μπλε [ble]
braun καφέ [ka**fe**]
bunt πολύχρωμος [po**li**chromoß]
dunkel σκούρος [**ßku**roß]
einfarbig μονόχρωμος [mo**no**chromoß]
gelb κίτρινος [**ki**trinoß]
gemustert εμπριμέ [embri**me**]
gestreift ριγέ [ri**je**]
grau γκρί [**gri**]
grün πράσινος [**pra**ßinoß]
hell ανοιχτός [ani**chtoß**]
kariert καρό [ka**ro**]
lila μωβ [mow]
pink ροζέ [rose]
rot κόκκινος [**ko**kinoß]
schwarz μαύρος [**maw**roß]
türkis τιρκουάζ [tirku**as**]
weiß άσπρος [**a**ßproß]

Nichts geht über das Erlebnis, die Gestade Griechenlands mit dem Schiff zu erreichen

Reisewege und Verkehrsmittel

An der Grenze

* Το διαβατήριό σας, παρακαλώ! [to ðjawa**tirio** ßaß paraka**lo**]	Ihren Paß, bitte!
* Το δίπλωμά σας, παρακαλώ! [to **ði**ploma ßaß paraka**lo**]	Ihren Führerschein, bitte!
* Έχετε κάτι να εκτελωνίσετε; [**e**chete **ka**ti na ektelo**ni**ßete]	Haben Sie etwas zu verzollen?
Nein, ich habe nur einige Geschenke.	Όχι, έχω μόνο μερικά δώρα. [**o**chi **e**cho **mo**no meri**ka** **ðo**ra]
Nein, ich habe nichts zu verzollen.	Όχι, δεν έχω τίποτα να εκτελωνίσω. [**o**chi ðen **e**cho **ti**pota na ektelo**ni**ßo]
Muß ich das verzollen?	Πρέπει να τα εκτελωνίσω αυτά; [**pre**pi na ta ektelo**ni**ßo af**ta**]
* Ανοίξτε παρακαλώ τη βαλίτσα. [a**ni**xte paraka**lo** ti wa**li**tßa]	Öffnen Sie bitte den Koffer.

Kann ich ... sprechen?	**Μπορώ να μιλήσω** [bo**ro** na mi**li**ßo]
mit der Deutschen Botschaft	με τη Γερμανική Πρεσβεία [me ti jermani**ki** pres**wi**a]
mit meinem Konsulat	με το προξενείο μου; [me to proxe**ni**o mu]

Nach dem Weg fragen

Wie komme ich	**Πώς μπορώ να πάω** [poß bo**ro** na **pa**o]
nach …	στην … [ßtin]
zur Autobahn	στην Εθνική οδό [ßtin eθni**ki** o**ðo**]
ins Zentrum	στο κέντρο [ßto **ke**ndro]
zum … Platz	στην πλατεία … [ßtin pla**ti**a]
zur … Straße	στην οδό … [ßtin o**ðo**]
zum *Bahnhof/Busbahnhof*	στο *σταθμό/πρακτωρείο λεωφορείων* [ßto *ßtaθ**mo**/prakto**ri**o leofo**ri**on*]
zum *Flughafen/Hafen?*	στο *αεροδρόμιο/λιμάνι*; [ßto *aero**ðro**mio/li**ma**ni*]
* Μετά το φανάρι [me**ta** to fa**na**ri]	Nach der Ampel
* Μετά από πεντακόσια μέτρα [me**ta** a**po** penda**ko**ßja **me**tra]	Nach 500 Metern
* **Στο σταυροδρόμι** [ßto ßtawro**ðro**mi]	**An der Kreuzung**
* στρίψτε *δεξιά/αριστερά* [**ßtri**pßte *ðe**xia**/ariß**te**ra*]	*rechts/links* abbiegen
* να πάτε ευθεία [na **pa**te ef**θi**a]	geradeaus fahren/gehen
* να πάτε πίσω. [na **pa**te **pi**ßo]	zurückfahren/-gehen.
Ist das die Straße nach …?	Είναι αυτός ο δρόμος για …; [**i**ne af**toß** o **ðro**moß ja]
Wie weit ist es nach …?	Πόσο μακριά είναι για …; [**po**ßo makri**a** **i**ne ja]
Können Sie mir das auf der Karte zeigen?	Μπορείτε να μου το δείξετε στο χάρτη; [bo**ri**te na mu to **ði**xete ßto **char**ti]

Ein Auto, Motorrad oder Fahrrad mieten

Ich möchte … mieten.	**Θα ήθελα να νοικιάσω** [**θa** **i**θela na ni**kja**ßo]
ein Auto	ένα αυτοκίνητο [**e**na afto**ki**nito]
ein Geländewagen	ένα τζιπ [**e**na dsip]
einen Kleinbus	ένα πουλμανάκι [**e**na pulma**na**ki]
ein Wohnmobil	ένα κάραβαν [**e**na **ka**rawan]
ein Motorrad	μια μοτοσικλέτα [mja motoßi**kle**ta]
ein *Moped/Mofa*	ένα *μηχανάκι/μοτοποδήλατο* [**e**na *micha**na**ki/motopo**ði**lato*]
einen Motorroller	ένα σκούτερ [**e**na **ßku**ter]
ein *Fahrrad/Mountainbike*	ένα *ποδήλατο/μάουντενμπάικ* [**e**na *po**ði**lato/**ma**uden**ba**ik*]
für *3 Tage/1 Woche*	για *τρεις ημέρες/μια εβδομάδα* [ja *triß i**me**reß/mja ewðo**ma**ða*]
ab *heute/morgen*	από *σήμερα/αύριο.* [a**po** ***ßi**mera/**aw**rio*]

Wieviel kostet das Fahrzeug	**Πόσο κοστίζει το όχημα** [po**ß**o ko**ß**ti**si to **o**chima]
pro *Tag/Woche*	την *ημέρα/εβδομάδα* [tin *i**me**ra/ewðo**ma**ða*]
pro Kilometer?	κατά χιλιόμετρο; [ka**ta** chil**jo**metro]
Gibt es *eine Kilometerbegrenzung/Freikilometer?*	Υπάρχει *περιορισμός στα χιλιόμετρα/ελεύθερα χιλιόμετρα*; [i**par**chi *periori**smoß** ßta chil**jo**metra/ e**lef**θera chil**jo**metra*]
Muß ich den Wagen vollgetankt zurückbringen?	Πρέπει να επιστρέψω το αυτοκίνητο με γεμάτο το ρεζερβουάρ; [**pre**pi na epi**ßtre**pßo to afto**ki**nito me je**ma**to to reserwu**ar**]
Wieviel Benzin ist noch im Tank?	Πόση βενζίνη υπάρχει ακόμα στο ρεζερβουάρ; [**po**ßi wen**si**ni i**par**chi a**ko**ma ßto reserwu**ar**]
Welches Benzin muß ich tanken?	Τί βενζίνη πρέπει να βάζω; [ti wen**si**ni **pre**pi na **wa**so]
Wie hoch ist die Kaution?	Πόση είναι η εγγύηση; [**po**ßi **i**ne i en**gi**ißi]
Ist das Fahrzeug vollkaskoversichert?	Έχει το όχημα μικτή ασφάλεια; [**e**chi to **o**chima mi**kti** a**ßfa**lia]
Bitte erklären Sie mir genau alle Funktionen.	Παρακαλώ εξηγήστε μου ακριβώς, πως λειτουργούν όλα. [paraka**lo** exiji**ß**te mu akri**woß** poß litur**gun** **o**la]

Parken

Kann ich hier parken?	Μπορώ να παρκάρω εδώ; [bo**ro** na par**ka**ro e**ðo**]
Gibt es hier	**Υπάρχει εδώ** [i**par**chi e**ðo**]
einen (bewachten) Parkplatz	ένα μέρος για στάθμευση (φυλαγόμενο) [ena **me**roß ja **ßtaθ**mefßi (fila**go**meno)]
ein Parkhaus/eine Garage?	ένα πάρκινγκ/ένα γκαράζ; [**e**na **par**king/**e**na ga**ras**]
Wie hoch ist die Parkgebühr	**Πόσο κοστίζει το παρκάρισμα** [**po**ßo ko**ßti**si to par**ka**risma]
pro Stunde	την ώρα [tin **o**ra]
pro Tag/pro Nacht?	την ημέρα/τη νύχτα; [tin i**me**ra/ti **ni**chta]

Verkehrsschilder

Αδιέξοδος Sackgasse
Απαγόρευση σταθμεύσεως Parkverbot
Απαγόρευση προσπεράσεως Überholverbot
Αστυνομία Polizei
Αυτοκινητόδρομος Autobahn
Γκαράζ Garage
Δημόσια έργα Straßenarbeiten
Διόδια Mautgebühren/Zahlstelle
Εθνική οδός Nationalstraße
Έξοδος γκαράζ Ausfahrt freihalten
Εργοτάξιο Baustelle
Η ταχύτητα ελέγχεται με ραντάρ Radarkontrolle
Κίνδυνος Gefahr
Μονόδρομος Einbahnstraße
Μποτιλιάρισμα Stau
Οδηγείτε αργά Langsamer fahren
Παράκαμψη Umleitung
Περιφεριακός δρόμος Umgehungsstraße
Προσοχή Achtung
Στενή γέφυρα Enge Brücke
Στοπ Halt

Tanken

Wo ist bitte die nächste Tankstelle?	Πού είναι το επόμενο βενζινάδικο παρακαλώ; [pu ine to epomeno wensinaðiko parakalo]
Bitte volltanken.	Γεμίστε το παρακαλώ. [jemißte to parakalo]
Nur 20 Liter	**Μόνο είκοσι λίτρα** [mono ikoßi litra]
Normalbenzin	απλή βενζίνη [apli wensini]
Super	σούπερ [ßuper]
Diesel	πετρέλαιο [petreleo]
bleifrei/verbleit	αμόλυβδη/μολυβδούχο [amoliwði/moliwðucho]
Zweitaktmischung.	μικτή. [mikti]
Ich möchte bitte *einen Liter/zwei Liter* Öl.	Θα ήθελα *ένα λίτρο/δύο λίτρα* λάδι παρακαλώ. [θa iθela *ena litro/ðio litra* laði parakalo]
Bitte prüfen Sie	**Παρακαλώ ελέγξτε** [parakalo elegxte]
den Ölstand	τα λάδια [ta laðja]
den Reifendruck	τον αέρα στα λάστιχα [ton aera ßta laßticha]
das Kühlwasser.	το νερό του ψυγείου. [to nero tu pßijiu]

Panne, Unfall

Ich habe eine Panne.	Το αυτοκίνητό μου έπαθε βλάβη. [to aftokinito mu epaθe wlawi]
Ich habe einen Unfall gehabt.	Είχα ένα ατύχημα. [icha ena atichima]
Bitte nehmen Sie mich mit	**Σας παρακαλώ πάρτε με μαζί σας** [ßaß parakalo parte me masi ßaß]
zur nächsten *Tankstelle/Werkstatt.*	μέχρι το επόμενο *βενζινάδικο*/συνεργείο. [mechri to epomeno *wensinaðiko/ßinerjio*]
Können Sie	**Μπορείτε** [borite]
mein Auto *abschleppen/anschieben*	*να ρεμουλκήσετε/να σπρώξετε* το αυτοκίνητό μου [*na remulkißete/na ßproxete* to aftokinito mu]
mir helfen	να με βοηθήσετε [na me woiθißete]
mir Starthilfe geben	να με βοηθήσετε να βάλω μπρος [na me woiθißete na walo broß]
mir Benzin leihen	να μου δανείσετε βενζίνη [na mu ðanißete wensini]
mir Ihren Wagenheber leihen	να μου δανείσετε το γρύλο σας [na mu ðanißete to grilo ßaß]
den Pannendienst benachrichtigen	να ειδοποιήσετε την οδική βοήθεια [na iðopiißete tin oðiki woiθia]
die Polizei/die Feuerwehr rufen	να καλέσετε *την αστυνομία/την πυροσβεστική υπηρεσία* [na kaleßete *tin aßtinomia/tin pirosweßtiki ipireßia*]
einen Krankenwagen rufen	να καλέσετε ένα ασθενοφόρο [na kaleßete ena aßθenoforo]
einen Arzt rufen?	να καλέσετε ένα γιατρό; [na kaleßete ena jatro]

Sind Sie verletzt?	Τραυματιστήκατε; [trawmati**ßti**kate]
Es ist niemand verletzt.	Δεν τραυματίστηκε κανένας. [ðen trawma**ti**ßtike ka**ne**naß]
Es ist jemand (schwer) verletzt.	Κάποιος είναι (βαριά) τραυματισμένος. [**ka**pjoß **i**ne (war**ja**) trawmatis**me**noß]
Geben Sie mir bitte	**Δώστε μου παρακαλώ** [**ðo**ßte mu paraka**lo**]
Ihren Namen und Ihre Anschrift	το όνομά σας και τη διεύθυνσή σας [to **o**noma ßaß ke ti ði**ef**θin**ßi** ßaß]
Ihre Versicherungsnummer.	τον αριθμό της ασφάλειάς σας. [ton ariθ**mo** tiß a**ßfa**lia**ß** ßaß]
Ich bin/Sie sind/Er ist zu schnell *gefahren.*	*Έτρεχα/Τρέχατε/Έτρεχε* πολύ. [*etrecha*/***tre**chate*/*etreche* po**li**]
Ich habe/Sie haben/Er hat die Vorfahrt *mißachtet.*	*Παραβίασα/Παραβιάσατε/Παραβίασε* την προτεραιότητα. [*para**wi**aßa/parawi**a**ßate/ para**wi**aße* tin protere**o**tita]
Sind Sie Zeuge des Unfalls?	Είστε μάρτυρας του ατυχήματος; [i**ß**te **mar**tiraß tu ati**chi**matoß]
Vielen Dank für Ihre Hilfe.	Ευχαριστώ για τη βοήθειά σας. [efchari**ßto** ja ti woi**θi**a ßaß]

Werkstatt

Gibt es hier eine (VW-)Werkstatt?	Υπάρχει εδώ ένα συνεργείο (της Φολκςβάγκεν); [i**par**chi e**ðo** **e**na ßiner**ji**o (tiß folx**wa**gen)]
Der Motor	**Η μηχανή** [i micha**ni**]
springt nicht an	δεν παίρνει μπρος [ðen **per**ni broß]
verliert Öl	χάνει λάδια [**cha**ni **la**ðja]
funktioniert nicht richtig.	δεν λειτουργεί σωστά. [ðen litur**ji** ßo**ßta**]

Auto, Motorrad, Fahrrad

Abschleppseil	το σχοινί ρεμούλκησης [to ßchi**ni** re**mul**kißiß]
Auspuff	η εξάτμιση [i e**xa**tmißi]
Autoschlüssel	το κλειδί αυτοκινήτου [to kli**ði** aftoki**ni**tu]
Batterie	η μπαταρία [i bata**ri**a]
Bremse	το φρένο [to **fre**no]
Flickzeug	το μπάλωμα [to **ba**loma]
Gangschaltung	ο λεβιές ταχυτήτων [o le**wjeß** tachi**ti**ton]
Glühbirne	η λάμπα [i **la**mba]
Handbremse	το χειρόφρενο [to chi**ro**freno]
Hupe	το κλάξον [to **kla**xon]
Katalysator	ο καταλύτης [o kata**li**tiß]
Keilriemen	ο ιμάντας [o i**ma**ndaß]
Kette	η αλυσίδα [i ali**ßi**ða]
Kindersitz	το παιδικό κάθισμα [to peði**ko** **ka**θisma]
Klimaanlage	ο κλιματισμός [o klimati**smoß**]
Kofferaum	το πορτ μπαγκάζ [to port ba**gas**]
Kühler	το ψυγείο [to pßi**jio**]
Kupplung	ο συμπλέκτης [o ßim**ble**ktiß]
Kurzschluß	το βραχυκύκλωμα [to wrachi**ki**kloma]
Luftpumpe	η τρόμπα [i **tro**mba]
(Fahrrad-)Mantel	το λάστιχο (ποδηλάτου) [to **la**ßticho (poði**la**tu)]
Motor	η μηχανή [i micha**ni**]
Motorradhelm	το κράνος [to **kra**noß]
Reifen	λάστιχα *(n/Pl)* [**la**ßticha]
Reparatur	η επισκευή [i epißke**wi**]
Reserverad	η ρεζέρβα [i re**ser**wa]
Rücklicht	το πίσω φως [to **pi**ßo foß]
Scheibenwischer	ο υαλοκαθαριστήρας [o ialokaθari**ßti**raß]
Scheinwefer	ο προβολέας [o prowo**le**aß]
Schlauch	η σαμπρέλα [i ßa**mbre**la]
Schraube	η βίδα [i **wi**ða]
Schraubenzieher	το κατσαβίδι [to katßa**wi**ði]
Sicherheitsgurt	η ζώνη ασφάλειας [i **so**ni aß**fa**liaß]
Sicherung	η ασφάλεια [i a**ßfa**lia]
Tank	το ρεζερβουάρ [to reserwu**ar**]
Ventil	η βαλβίδα [i wal**wi**ða]
Verbandskasten	το φορητό φαρμακείο [to fori**to** farma**ki**o]
Vorderlicht	το μπροστινό φως [to broßti**no** foß]
Warndreieck	το τρίγωνο κινδύνου [to **tri**gono kin**ði**nu]
Werkzeug	το εργαλείο [to erga**li**o]
Zündkerzen	το μπουζί [to bu**si**]

Die Bremsen sind nicht in Ordnung.	Τα φρένα δεν είναι εντάξει. [ta **fre**na ðen **i**ne en**da**xi]
Die Kontrollampe leuchtet.	Ανάβει το φωτάκι ελέγχου. [a**na**wi to fo**ta**ki e**len**gchu]
Was kostet die Reparatur?	Πόσο κοστίζει η επισκευή; [**po**ßo ko**ßti**si i epiß**kewi**]
Wann ist der Wagen fertig?	Πότε θα είναι το αυτοκίνητο έτοιμο; [**po**te θa **i**ne to afto**ki**nito **e**timo]

Autostopp

Fahren Sie nach ...?	Μήπως πάτε σε ...; [**mi**poß **pa**te ße]
Können Sie mich mitnehmen?	Μπορείτε να με πάρετε μαζί σας; [bo**ri**te na me **pa**rete ma**si** ßaß]
Ich möchte hier aussteigen!	Θέλω να κατέβω εδώ! [**θe**lo na ka**te**wo e**ðo**]
Danke fürs Mitnehmen!	Ευχαριστώ για την εξυπηρέτηση! [efchari**ßto** ja tin exipi**re**tißi]

Mit Bahn und Bus unterwegs

Wo ist *der Bahnhof/ der Busbahnhof*, bitte?	Πού είναι *ο σταθμός του τρένου/το πρακτωρείο λεωφορείων*, παρακαλώ; [pu **i**ne *o ßtaθ**moß** tu **tre**nu/to prak**to**rio leo**fo**rion* paraka**lo**]
Wann fährt ein *Zug/ Bus* nach ...?	Πότε φεύγει ένα *τρένο/λεωφορείο* για ...; [**po**te **few**ji **e**na ***tre**no/leo**fo**rio* ja]
Muß ich umsteigen?	Πρέπει να αλλάξω συγκοινωνία; [**pre**pi na a**la**xo ßingino**ni**a]
Wann kommt der *Zug/ Bus* in ... an?	Πότε φτάνει το *τρένο/λεωφορείο* σε ...; [**po**te **fta**ni to ***tre**no/leo**fo**rio* ße]
Habe ich in ... Anschluß nach ...?	Θα έχω σε ... ανταπόκριση για ...; [θa **e**cho ße ... anda**po**krißi ja]
Was kostet die Fahrt?	Πόσο κοστίζει η διαδρομή; [**po**ßo ko**ßti**si i ðiaðro**mi**]
Gibt es eine Ermäßigung für Kinder?	Υπάρχει καμιά έκπτωση για παιδιά; [i**par**chi ka**mja** **ek**ptoßi ja pe**ðja**]
Bitte *eine Fahrkarte/ Fahrkarten*	**Παρακαλώ *ένα εισιτήριο/εισιτήρια*** [paraka**lo** *ena iß**i**tirio/iß**i**tiria*]
nach ...	για ... [ja]
einfach/hin und zurück	απλό/με επιστροφή [a**plo**/me epißto**fi**]
erster/zweiter Klasse	*πρώτη/δεύτερη* θέση [***pro**ti/**ðef**teri* **θe**ßi]
für 2 Erwachsene und 2 Kinder.	για δύο μεγάλους και δύο παιδιά. [ja **ði**o me**ga**luß ke **ði**o pe**ðja**]

Bitte reservieren Sie für den *Zug/Bus*	**Παρακαλώ κάντε κράτηση στο *τρένο/λεωφορείο*** [parakal**o** **ka**nde **kra**tißi ßto *tr**e**no/leof**o**r**i**o*]
nach …	για … [ja]
um 14 Uhr	στις δύο το μεσημέρι [ßtiß **ð**io to meßi**me**ri]
einen (Fenster-)Platz	μια θέση (στο παράθυρο) [mja **θe**ßi (ßto pa**ra**θiro)]
Nichtraucher/Raucher	στους μη καπνιστές/στους καπνιστές [ßtuß mi kapni**ßteß**/ßtuß kapni**ßteß**]
einen Liegewagenplatz	μια θέση σε κουσέτα [mja **θe**ßi ße ku**ße**ta]
einen Schlafwagenplatz.	μια θέση στο βαγκονλί. [mja **θe**ßi ßto wagon**li**]
Ich möchte	**Θέλω** [**θe**lo]
dieses Gepäck aufgeben.	να δώσω για αποστολή αυτήν την αποσκευή. [na **ð**oßo ja apoßto**li** af**tin** tin apoßkewi]
Ist das der *Zug/Bus* nach …?	Είναι αυτό το *τρένο/λεωφορείο* για …; [**i**ne af**to** to *tr**e**no/leof**o**r**i**o* ja]
Ist dieser Platz frei?	Είναι αυτή η θέση ελεύθερη; [**i**ne af**ti** i **θe**ßi **elef**θeri]
Entschuldigung, das ist mein Platz!	Συγνώμη, αυτή είναι η θέση μου! [ßi**gno**mi af**ti** **i**ne i **θe**ßi mu]

Mit dem Flugzeug unterwegs

Ich möchte	**Θα ήθελα** [θa **i**θela]
einen Flug buchen nach …	να κλείσω ένα αεροπορικό εισιτήριο για … [na **kli**ßo **e**na aeropori**ko** ißi**ti**rio ja]
für *2/4* Personen	για *δύο/τέσσερα* άτομα [ja ***ð**io/**te**ßera* **a**toma]
am …	στις … [ßtiß]
einfach/Hin- und Rückflug	απλό/με επιστροφή [a**plo**/me epißtro**fi**]
Touristenklasse/1. Klasse	τουριστική θέση/πρώτη θέση [turißti**ki** **θe**ßi/**pro**ti **θe**ßi]
stornieren/umbuchen	να ακυρώσω/να αλλάξω [na aki**ro**ßo/na a**la**xo]
meinen Flug rückbestätigen.	να επιβεβαιώσω την πτήση μου. [na epiwewe**o**ßo tin **pti**ßi mu]
Wann landet die Maschine aus …?	Πότε προσγειώνεται το αεροπλάνο από…; [**po**te proßji**o**nete to aero**pla**no a**po**]

Hinweisschilder

Αίθουσα αναμονής Warteraum
Αναχωρήσεις Abfahrt
Αποβάθρα Bahnsteig
Αφίξεις Ankunft
Βαγόνι με κουσέτες Liegewagen
Βαγκόνλι Schlafwagen
Βαγκόν-ρεστοράν Speisewagen
Γραμμή Gleis
Ελεύθερο frei
Έξοδος Ausgang
Κατειλημμένο besetzt
Νερό μη πόσιμο! Kein Trinkwasser!
Πληροφορίες Auskunft
Προς τις γραμμές Zu den Bahnsteigen
Σήμα κινδύνου Notbremse
Τουαλέτες Toiletten

Unterwegs mit öffentlichen Bussen

Busse sind die beliebtesten öffentlichen Verkehrsmittel der Griechen. Fahrkarten für die **Stadt-** und **Trolleybusse** gibt es an bestimmten Kiosken oder an den Busbahnhöfen, also generell nicht im Bus selbst. Für die sehr gefragten **Überlandbusse** erhält man die Fahrkarten in den größeren Städten ebenfalls an den Busbahnhöfen, in kleineren Orten fahren bisweilen auch noch Schaffner in den Bussen mit und verkaufen die Tickets. Die Fahrkarten werden an Automaten im Bus entwertet. Sie gelten jeweils nur für eine Fahrtrichtung und für ein Verkehrsmittel. Bisweilen gibt es in den Bussen numerierte Sitzplätze. Die Nummern stehen dann auf den Fahrkarten. Im Bus stehen sie jeweils an der **Hinterseite** der Rückenlehne.

Wundern Sie sich bei einer Überlandbusfahrt nicht, wenn der Bus nicht an Ihrem Zielort anhält. Wahrscheinlich haben Sie es dem Busfahrer nicht rechtzeitig oder nicht unmißverständlich genug mitgeteilt. Da er für gewöhnlich nicht an jeder Haltestelle stoppt, muß man sich bemerkbar machen indem man den Knopf neben der Türe drückt oder Στάση παρακαλώ! [**ß**ta**ß**i paraka**lo**] *(Bitte anhalten!)* ruft.

Überlandbusse können übrigens auch jederzeit außerhalb von Busstationen per **deutlichem** Handzeichen zum Einsteigen angehalten werden.

Sind noch Plätze frei	**Υπάρχουν ακόμα ελεύθερες θέσεις** [i**par**chun a**ko**ma e**lef**θereß **θe**ßiß]
am Fenster/am Gang	στο παράθυρο/στο διάδρομο [ßto pa**ra**θiro/ßto **ðja**ðromo]
für *Raucher/Nichtraucher*?	για *καπνιστές/μη καπνιστές*; [ja *kapni**ßteß**/mi kapni**ßteß***]
Wieviel kostet der Flug?	Πόσο κοστίζει η πτήση; [**po**ßo ko**ßti**si i **pti**ßi]
Gibt es *Sondertarife/ Stand-by-Plätze*?	Υπάρχουν *ειδικές τιμές/θέσεις στεντμπάι*; [i**par**chun *iði**keß** ti**meß**/**θe**ßiß ßtend**bai***]
Gibt es eine Warteliste?	Υπάρχει μια λίστα αναμονής; [i**par**chi mja **li**ßta anamo**niß**]
Wann muß ich am Flughafen sein?	Πότε πρέπει να βρίσκομαι στο αεροδρόμιο; [**po**te **pre**pi na **wri**ßkome ßto aero**ðro**mio]
Wie hoch ist die Flughafengebühr?	Πόσος είναι ο φόρος αεροδρομίου; [**po**ßoß **i**ne o **fo**roß aeroðro**miu**]
Mein Koffer/Meine Tasche	**Η βαλίτσα μου/Η τσάντα μου** [i wa**li**tßa mu/i **tß**anda mu]
ist beschädigt	είναι χαλασμένη [ine chala**sme**ni]
ist verloren gegangen.	χάθηκε. [**cha**θike]

Mit dem Schiff unterwegs

Wann fährt *ein Schiff/ eine Autofähre* nach …?	Πότε φεύγει *ένα πλοίο/ένα φεριμπότ* για …; [**po**te **few**ji *ena **plio**/ena feri**bot*** ja]
* Δυστυχώς *το πλοίο/ το φεριμπότ* είναι γεμάτο. [ðißti**choß** *to **pli**o/to feri**bot*** **i**ne je**ma**to]	*Das Schiff/Die Fähre* ist leider ausgebucht.

* Το επόμενο πλοίο αποπλέει στις ... η ώρα. [to **epo**meno **pli**o apo**plei** ßtiß ... i **o**ra]	Das nächste Schiff läuft um ... Uhr aus.
Wie lange dauert die Überfahrt?	Πόση ώρα διαρκεί η διαδρομή; [**po**ßi **o**ra ðiar**ki** i ðiaðro**mi**]
Ich möchte	**Θα ήθελα** [θa **i**θela]
eine Schiffskarte nach ...	ένα εισιτήριο πλοίου για ... [ena ißi**ti**rio **pli**u ja]
1./2. Klasse	*πρώτη/δεύτερη* θέση [***pro**ti/**ðef**teri* **θe**ßi]
einen Platz am Deck	μια θέση στο κατάστρωμα [mja **θe**ßi ßto ka**ta**ßtroma]
eine Einzelkabine	μια μονόκλινη καμπίνα [mja mo**no**klini ka**bi**na]
eine Zweibettkabine	μια δίκλινη καμπίνα [mja **ði**klini ka**bi**na]
eine *Außen-/Innen*kabine.	μια *εξωτερική/εσωτερική* καμπίνα. [mja *exoteri**ki**/eßoteri**ki*** ka**bi**na]
Ich möchte mein Auto mitnehmen.	Θέλω να πάρω το αυτοκίνητό μου μαζί. [**θe**lo na **pa**ro to afto**ki**ni**to** mu ma**si**]
Wann *muß ich an Bord sein/ müssen wir an Bord sein?*	Πότε *πρέπει να επιβιβαστώ/πρέπει να επιβιβαστούμε*; [**po**te ***pre**pi na epiwiwa**ßto**/ **pre**pi na epiwiwa**ßtu**me*]
Wann legen wir in ... an?	Πότε θα φτάσουμε σε ...; [**po**te θa **fta**ßume ße]
Wie lange haben wir Aufenthalt?	Πόσο καιρό θα παραμείνουμε; [**po**ßo ke**ro** θa para**mi**nume]
Ich suche	**Ψάχνω** [**pßa**chno]
die Kabine Nummer...	την καμπίνα νούμερο ... [tin ka**bi**na **nu**mero]
das Restaurant	το έστιατόριο [to eßtia**to**rio]
die Toiletten	τις τουαλέτες [tiß tua**le**teß]
das Promenadendeck	το κατά στρωμα [to ka**ta**ßtroma]
das Parkdeck	το γκαράζ πλοίου [to ga**ras pli**u]
einen Steward.	έναν καμαρότο. [enan kama**ro**to]

Städtische Verkehrsmittel

Bus, U-Bahn und Trolley

Gibt es einen Bus nach ...?	Υπάρχει ένα λεωφορείο για ...; [i**par**chi ena leofo**ri**o ja]
Wie lange dauert/ Wieviel kostet die Fahrt?	*Πόσο διαρκεί/Πόσο κοστίζει* η διαδρομή; [***po**ßo ðiar**ki**/**po**ßo ko**ßti**si* i ðiaðro**mi**]
Wo ist bitte	**Πού είναι παρακαλώ** [pu **i**ne paraka**lo**]
die nächste Bushaltestelle	η επόμενη στάση λεωφορείων [i e**po**meni **ßta**ßi leofo**ri**on]
die nächste Trolleybus-Haltestelle	η στάση του τρόλεϊ [i **ßta**ßi tu **tro**läi]
die nächste U-Bahnstation?	ο σταθμός του υπόγειου τρένου; [o ßtaθ**moß** tu i**po**jiu **tre**nu]

Welche(r) *Trolley/Bus/Bahn* fährt nach ...?	Ποιό *τρόλεϊ/λεωφορείο/τρένο* πάει σε ...; [pjo *trolä/leoforio/treno* pai ße]
Wann fährt *der letzte Bus/ die letzte Bahn*?	Πότε φεύγει *το τελευταίο λεωφορείο/το τελευταίο τρένο*; [pote fewji *to telefteo leoforio/to telefteo treno*]
Welche Richtung muß ich nehmen?	Ποια κατεύθυνση πρέπει να πάρω; [pja katefθinßi prepi na paro]
Wieviele Haltestellen sind es?	Πόσες στάσεις είναι; [poßeß ßtaßiß ine]
Ist dies der richtige Bus nach ...?	Είναι αυτό το σωστό λεωφορείο για ...; [ine afto to ßoßto leoforio ja]
Sagen Sie mir bitte, wann ich aussteigen muß.	Πέστε μου παρακαλώ, πότε πρέπει να κατεύω. [peßte mu parakalo pote prepi na katewo]
Wo kann ich den Fahrschein kaufen?	Που μπορώ να αγοράσω το εισιτήριο; [pu boro na agoraßo to ißitirio]
Einen Fahrschein nach ... bitte.	Ένα εισιτήριο για ... παρακαλώ. [ena ißitirio ja ... parakalo]
Wieviel kostet die Fahrt nach ...?	Πόσο κοστίζει η διαδρομή για ...; [poßo koßtisi i ðiaðromi ja]
Halten Sie bitte (hier)!	Στάση (εδώ), παρακαλώ! [ßtaßi (eðo) parakalo]

Taxi

Wo kann ich ein Taxi finden?	Που μπορώ να βρω ένα ταξί; [pu boro na wro ena taxi]
Fahren Sie mich bitte	**Πηγαίντε με παρακαλώ** [pijende me parakalo]
zum Bahnhof	στο σταθμό [ßto ßtaθmo]
zum Hotel	στο ξενοδοχείο [ßto xenoðochio]
zum Flughafen	στο αεροδρόμιο [ßto aeroðromio]
in die Innenstadt	στο κέντρο [ßto kendro]
nach ...	σε ... [ße]
Was kostet die Fahrt nach ...?	Πόσο κοστίζει η διαδρομή για ...; [poßo koßtisi i ðiaðromi ja]
Schalten Sie bitte den Taxameter ein.	Ανοίξτε το ταξίμετρο παρακαλώ. [anixte to taximetro parakalo]
Halten Sie hier bitte.	Σταματήστε εδώ παρακαλώ. [ßtamatißte eðo parakalo]
Das ist für Sie!	Αυτά είναι για σας! [afta ine ja ßaß]

„Entaxi" ist nicht Taxi

Wenn Sie „entaxi" – εντάξει – hören, dürfen Sie keineswegs ein Taxi erwarten, denn „entaxi" heißt ganz einfach „in Ordnung".

Um ein **Taxi** – ταξι [taxi] – zu bekommen, kann man einen Wagen auch unterwegs anhalten, sogar wenn schon Fahrgäste darin sitzen, und wird dann auch mitgenommen – vorausgesetzt man möchte in die gleiche Richtung fahren wie sie.

Allerdings sollten Sie nicht vergessen, beim Einsteigen sofort auf den Taxameter zu schauen.

Eine Unterkunft der ganz besonderen Art ist diese Höhlenwohnung auf der Insel Santorin

Unterkunft

Hotel, Pension und Privatzimmer

Gibt es hier — **Υπάρχει εδώ** [i**par**chi e**ðo**]
ein *gutes/einfaches* Hotel — ένα *καλό/απλό* ξενοδοχείο [ena *ka**lo**/a**plo*** xenoðo**chi**o]
eine Pension — μια πανσιόν [mja pan**ßjon**]
in Strandnähe — κοντά στήν παραλία [ko**nda** ßtin para**li**a]
zentral gelegen — σε κεντρικό μέρος [ße kendri**ko** **me**roß]
in ruhiger Lage? — σε ήσυχο μέρος; [ße **i**ßicho **me**roß]

Wo ist *das Hotel/die Pension* ...? — Πού είναι *το ξενοδοχείο/η πανσιόν* ...; [pu **i**ne *to xenoðo**chi**o/i pan**ßjon***]

An der Rezeption

Ich habe ein Zimmer reserviert. — Έχω κλείσει ένα δωμάτιο. [**e**cho **kli**ßi **e**na ðo**ma**tio]
Mein Name ist ... — Το όνομά μου είναι ... [to **o**no**ma** mu **i**ne]

Haben Sie ein Zimmer frei — **Έχετε ένα ελεύθερο δωμάτιο** [**e**chete **e**na e**lef**θero ðo**ma**tio]
für eine Nacht? — για μια νύχτα; [ja mja **ni**chta]
für *2/3* Tage? — για *δύο/τρεις* ημέρες; [ja ***ði**o/triß* i**me**reß]
für *2/3* Wochen? — για *δύο/τρεις* εβδομάδες; [ja ***ði**o/triß* ewðo**ma**ðeß]

* Δυστυχώς είμαστε κλεισμένοι. [ðißti**choß** **i**maßte klis**me**ni] — Wir sind leider ausgebucht.

* Από ... θα αδειάσει κάποιο. [a**po** ... θa a**ðja**ßi **ka**pjo]	Ab ... wird etwas frei.
Ich möchte/Wir möchten	**Θα ήθελα/Θα θέλαμε** [θa **i**θela/θa **θe**lame]
ein Zimmer mit Dusche	ένα δωμάτιο με ντους [**e**na ðo**ma**tio me duß]
ein Einzelzimmer	ένα μονόκλινο δωμάτιο [**e**na mo**no**klino ðo**ma**tio]
ein Doppelzimmer	ένα δίκλινο δωμάτιο [**e**na **ði**klino ðo**ma**tio]
ein Zweibettzimmer	ένα δωμάτιο με δύο κρεβάτια [**e**na ðo**ma**tio me **ði**o kre**wa**tja]
mit Bad und Toilette	με μπάνιο και τουαλέτα [me **ba**njo ke tua**le**ta]
mit Balkon	με μπαλκόνι [me bal**ko**ni]
zum Strand/zur Straße	προς την παραλία/προς το δρόμο [proß tin para**li**a/proß to **ðro**mo]
mit Blick zum Meer.	με θέα προς τη θάλασσα. [me **θe**a proß ti **θa**laßa]
Wieviel kostet das Zimmer	**Πόσο κοστίζει το δωμάτιο;** [**po**ßo ko**ßti**si to ðo**ma**tio]
pro Person	το άτομο [to **a**tomo]
pro Nacht	τη νύχτα [ti **ni**chta]
pro Woche	την εβδομάδα [tin ewðo**ma**ða]
mit/ohne Frühstück	*με/χωρίς* πρωινό [*me/cho**riß*** proi**no**]
mit Halbpension	με ημιδιατροφή [me imiðiatro**fi**]
mit Vollpension	με πλήρη διατροφή [me **pli**ri ðiatro**fi**]
für Kinder?	για τα παιδιά; [ja ta pe**ðja**]
Ist das Zimmer mit *Fernseher/ Telefon*?	Έχει το δωμάτιο *τηλεόραση/τηλέφωνο*; [**e**chi to ðo**ma**tio *tile**o**raßi/ti**le**fono*]
Ich möchte das Zimmer sehen.	Θα ήθελα να δω το δωμάτιο. [θa **i**θela na ðo to ðo**ma**tio]
Das Zimmer ist *schön/ in Ordnung*.	Το δωμάτιο είναι *ωραίο/εντάξει*. [to ðo**ma**tio **i**ne *o**re**o/en**da**xi*]
Das Zimmer gefällt mir nicht.	Το δωμάτιο δεν μου αρέσει. [to ðo**ma**tio ðen mu a**re**ßi]
Haben Sie ein anderes Zimmer?	Έχετε ένα άλλο δωμάτιο; [**e**chete **e**na **a**lo ðo**ma**tio]
Kann ich mit *Scheck/ Kreditkarte* bezahlen?	Μπορώ να πληρώσω με *τσεκ/πιστωτική κάρτα*; [bo**ro** na pli**ro**ßo me *tßek/pißtoti**ki** **kar**ta*]
Kann man hier parken?	Μπορεί κανείς να παρκάρει εδώ; [bo**ri** ka**niß** na par**ka**ri e**ðo**]
Haben Sie	**Έχετε** [**e**chete]
einen Parkplatz	ένα πάρκινγ [**e**na **par**king]
eine (bewachte) Garage	ένα γκαράζ (φυλαγόμενο) [**e**na ga**ras** (fila**go**meno)]
einen Safe	ένα χρηματοκιβώτιο [**e**na chrimatoki**wo**tio]
ein Schwimmbad	μια πισίνα [mja pi**ßi**na]
eine Sauna	μια σάουνα [mja **ßa**una]
einen eigenen Strand?	μια ιδιωτική παραλία; [mja iðioti**ki** para**li**a]

Wo ist
der Frühstücksraum
der Speisesaal?

Πού είναι [pu **i**ne]
η σάλα του πρωινού [i **ß**ala tu proi**nu**]
η τραπεζαρία; [i trapesa**ria**]

Wann gibt es
Frühstück
Mittagessen
Abendessen?

Πότε σερβίρεται [**po**te ßer**wi**rete]
πρωινό [proi**no**]
μεσημεριανό [meßimerja**no**]
βραδινό; [wraði**no**]

▶ **(Zu den Mahlzeiten siehe Essen und Trinken, S. 40.)**

Wecken Sie mich morgen bitte um 7 Uhr!

Ξυπνήστε με το πρωί στις επτά η ώρα, παρακαλώ!
[xi**pni**ßte me to proi ßtiß e**pta** i **o**ra paraka**lo**]

Meinen Schlüssel, bitte!

Το κλειδί μου, παρακαλώ! [to kli**ði** mu paraka**lo**]

Zimmer Nummer 10 bitte!

Αριθμό δωματίου δέκα παρακαλώ!
[ari**θmo** ðoma**tiu** **ðe**ka paraka**lo**]

Kann ich hier
Geld tauschen
Eurocheques/
Travellerschecks einlösen
Briefmarken/Postkarten kaufen
einen Brief einwerfen
telefonieren?

Μπορώ εδώ [bo**ro** e**ðo**]
να αλλάξω χρήματα [na a**la**xo **chri**mata]
να εξαργυρώσω *Ευρωτσέκ/ταξιδιωτικά τσεκ*
[na exarji**ro**ßo *ewro**tßek**/taxiðjoti**ka** tßek*]
να αγοράσω *γραμματόσημα/κάρτες*
[na ago**ra**ßo *grama**to**ßima/**kar**teß*]
να στείλω ένα γράμμα [na **ßti**lo **e**na **gra**ma]
να τηλεφωνήσω; [na tilefo**ni**ßo]

Kann ich von meinem Zimmer nach Deutschland telefonieren?

Μπορώ από το δωμάτιό μου να τηλεφωνήσω στη Γερμανία; [bo**ro** a**po** to ðo**ma**tio mu na tilefo**ni**ßo ßti Jerma**nia**]

Verbinden Sie mich bitte mit der Nummer ...!

Συνδέστε με παρακαλώ με τον αριθμό ...!
[ßin**ðe**ßte me paraka**lo** me ton ari**θmo**]

Gibt es Post für mich?

Υπάρχει αλληλογραφία για μένα;
[i**par**chi alilogra**fia** ja **me**na]

Reklamationen

Das Zimmer *ist schmutzig/zu laut.*

Το δωμάτιο *είναι βρώμικο/έχει πολύ φασαρία.*
[to ðo**ma**tio *ine **wro**miko/echi poli faßa**ria***]

Wir haben kein (warmes) Wasser.

Δεν έχουμε (ζεστό) νερό.
[ðen **e**chume (se**ßto**) ne**ro**]

... funktioniert nicht.
Das Licht
Die Dusche
Die Toilette
Die Heizung
Die Klimaanlage

... δεν λειτουργεί. [ðen litur**ji**]
Το φως [to foß]
Το ντους [to duß]
Η τουαλέτα [i tua**le**ta]
Το καλοριφέρ [to kalori**fer**]
Ο κλιματισμός [o klimati**smoß**]

Es fehlen
Handtücher
Toilettenpapier
Kleiderbügel.

Λείπουν [**li**pun]
πετσέτες [pe**tße**teß]
χαρτιά τουαλέτας [char**tja** tua**le**taß]
κρεμάστρες ρούχων. [kre**ma**ßtreß **ru**chon]

Die E. O. T ist ein strenger Wächter

Die Griechische Zentrale für Fremdenverkehr führt auch über die Unterkünfte ein strenges Regiment, was den quartiersuchenden Touristen nur recht sein kann. Hotels, Pensionen, Privatquartiere und Campingplätze werden alljährlich von Mitarbeitern dieser staatlichen Organisation kontrolliert. Der Hauptgrund für die Aktion ist die Kategorisierung all dieser Herbergen nach den Kategorien L (Luxus) und A bis E. Zu den Kriterien dafür gehören die Lage der Unterkünfte sowie die Größe und Ausstattung der Zimmer. Danach setzt die E. O. T die Höchstpreise für die Übernachtung fest, und zwar saisonal untergliedert. Es werden Formulare ausgegeben, die an den Hotelzimmertüren befestigt sind bzw. bei den Rezeptionen der Campingplätze aushängen müssen. Auf ihnen sind sogar die Essenspreise einzutragen.

Wir brauchen (noch)	**Χρειαζόμαστε (ακόμα)** [chriasomaßte (akoma)]
eine Decke	μια κουβέρτα [mja kuwerta]
ein Kopfkissen.	ένα μαξιλάρι. [ena maxilari]
Ich habe meinen Zimmerschlüssel verloren.	Έχασα το κλειδί του δωματίου μου. [echaßa to kliði tu ðomatiu mu]

Abreise

Ich reise morgen ab.	Αναχωρώ αύριο. [anachoro awrio]
Wir reisen heute ab.	Αναχωρούμε σήμερα. [anachorume ßimera]
Die Rechnung bitte.	Το λογαριασμό παρακαλώ. [to logarjasmo parakalo]
Rufen Sie bitte ein Taxi.	Φωνάξτε ένα ταξί παρακαλώ. [fonaxte ena taxi parakalo]
Es hat uns hier sehr gefallen.	Μας άρεσε εδώ πάρα πολύ. [maß areße eðo para poli]
Vielen Dank!	Ευχαριστώ πολύ! [efcharißto poli]
Auf Wiedersehen!	Αντίο! [adio]

Ferienhaus und Ferienwohnung

Wir suchen	**Ψάχνουμε** [pßachnume]
ein Ferienhaus	ένα εξοχικό σπίτι [ena exochiko ßpiti]
eine Ferienwohnung	ένα εξοχικό διαμέρισμα [ena exochiko ðjamerisma]
ein (ruhiges) Appartement	ένα (ήσυχο) διαμερισματάκι [ena (ißicho) ðjamerismataki]
für *2/4* Personen	για *δύο/τέσσερα* άτομα [ja *ðio/teßera* atoma]
für *6 Tage/2 Wochen*.	για *έξι ημέρες/δύο εβδομάδες*. [ja *exi imereß/ðio ewðomaðeß*]
Wieviele Zimmer hat/ Was kostet	**Πόσα δωμάτια έχει/Πόσο κοστίζει** [poßa ðomatia echi/poßo koßtisi]
die Wohnung	το διαμέρισμα [to ðjamerisma]
das Haus?	το σπίτι; [to ßpiti]

Sind Nebenkosten extra zu bezahlen?	Τα κοινόχρηστα είναι επιπλέον; [ta ki**no**chrißta **i**ne epi**ple**on]
Sind *Haustiere/Hunde* erlaubt?	Επιτρέπονται *κατοικίδια ζώα/σκυλιά*; [epi**tre**ponde *kati**ki**ðia **soa**/ßki**lja***]
Müssen wir die Endreinigung übernehmen?	Πρέπει να αναλάβουμε εμείς την τελική καθαριότητα; [**pre**pi na ana**la**wume e**miß** tin teli**ki** kaθa**rjo**tita]
Wo kann man hier	**Πού μπορεί κανείς** [pu bori ka**niß**]
einkaufen	να ψωνίσει [na pßo**ni**ßi]
telefonieren	να τηλεφωνήσει [na tilefo**ni**ßi]
Wäsche waschen?	να πλύνει ρούχα; [na **pli**ni **ru**cha]

Camping

Haben Sie Platz für	**Έχετε θέση για** [**e**chete **θe**ßi ja]
ein Zelt	μια σκηνή [mja ßki**ni**]
einen Wohnwagen	ένα τροχόσπιτο [ena tro**cho**ßpito]
ein Wohnmobil?	ένα κάραβαν; [**e**na **ka**rawan]
Was kostet der Platz	**Πόσο κοστίζει η θέση** [**po**ßo ko**ßti**si i **θe**ßi]
pro Person	κατά άτομο [ka**ta a**tomo]
für ein Auto	για ένα αυτοκίνητο [ja **e**na afto**ki**nito]
für ein Wohnmobil	για ένα κάραβαν [ja **e**na **ka**rawan]
für einen Wohnwagen	για ένα τροχόσπιτο [ja **e**na tro**cho**ßpito]
für ein Zelt?	για μια σκηνή; [ja mja ßki**ni**]
Vermieten Sie auch	**Νοικιάζετε και** [ni**kja**sete ke]
Wohnwagen	τροχόσπιτα [tro**cho**ßpita]
Zelte	σκηνές [ßki**neß**]
Bungalows/Zimmer?	μπαγκαλόους/δωμάτια; [banga**lo**uß/ðo**ma**tia]
Wo sind *die Duschen/ die Toiletten?*	Πού είναι *τα ντους/οι τουαλέτες*; [pu **i**ne *ta **duß**/i tua**le**teß*]
Wir brauchen	**Χρειαζόμαστε** [chria**so**maßte]
Strom/Wasser	ρεύμα/νερό [**rew**ma/ne**ro**]
Anschluß an die Kanalisation.	σύνδεση με την αποχέτευση. [**ßin**ðeßi me tin apo**che**tefßi]
Wann wird nachts das Tor geschlossen?	Πότε κλείνει το βράδυ η είσοδος; [**po**te **kli**ni to **wra**ði i **i**ßoðoß]
Ist der Platz nachts bewacht?	Φυλάγεται ο χώρος τη νύχτα; [fi**la**jete o **cho**roß ti **ni**chta]
Gibt es auf dem Campingplatz	**Υπάρχει στο κάμπινγκ** [i**par**chi ßto **kam**ping]
einen Supermarkt	ένα σουπερ μάρκετ [ena **ßu**per **mar**ket]
ein Restaurant	ένα εστιατόριο [ena eßtia**to**rio]
Münz-Waschmaschinen	πλυντήριο ρούχων με κέρματα [plin**di**rio **ru**chon me **ker**mata]
einen Kühlschrank	ένα ψυγείο [ena pßi**ji**o]
einen Spielplatz?	μια παιδική χαρά; [mja peði**ki** cha**ra**]

Jugendherberge

Gibt es hier eine Jugendherberge?	Υπάρχει εδώ ένας ξενώνας για νέους; [i**par**chi e**ðo** **e**naß xe**no**naß ja **ne**uß]
Wieviel kostet eine Übernachtung pro Person (mit Frühstück)?	**Πόσο κοστίζει μια διανυχτέρευση** [**po**ßo ko**ßti**si mja ðiani**chte**refßi] κατά άτομο (με πρωινό); [ka**ta** **a**tomo (me proi**no**)]
Haben Sie ein Familienzimmer?	Έχετε ένα οικογενειακό δωμάτιο; [**e**chete **e**na ikojenia**ko** ðo**ma**tio]

Unterkunft

Adapter	το ταυ [to taf]
Appartement	το διαμέρισμα [to ðja**me**risma]
Aschenbecher	το σταχτοδοχείο [to ßtachtoðo**chi**o]
Aufzug	το ασανσέρ [to aßan**ßer**]
Badewanne	η μπανιέρα [i ba**nje**ra]
Balkon	το μπαλκόνι [to bal**ko**ni]
Besteck	μαχαιροπίρουνα *(n/Pl)* [machero**pi**runa]
Bett	το κρεβάτι [to kre**wa**ti]
Bettdecke	η κουβέρτα [i ku**wer**ta]
Dusche	το ντους [to duß]
Endreinigung	τελικός καθαρισμός [teli**koß** kaθaris**moß**]
Ermäßigung	η έκπτωση [i **ek**ptoßi]
Familienzimmer	το οικογενειακό δωμάτιο [to ikojenia**ko** ðo**ma**tio]
Fernseher	η τηλεόραση [i tile**o**raßi]
Garage	το γκαράζ [to ga**ras**]
Gasflasche	η φιάλη γκαζιού [i fi**a**li gas**ju**]
Gaskartusche	το φωταέριο για γκαζάκι [to fota**e**rio ja ga**sa**ki]
Gepäck	η αποσκευή [i apoßke**wi**]
Geschirr(tuch)	(το πανί) για τα πιάτα [(to pa**ni**) ja ta **pja**ta]
Handtuch	η πετσέτα [i pe**tße**ta]
Heizung	το καλοριφέρ [to kalori**fer**)
Herd	η κουζίνα [i ku**si**na]
(Zelt-)Hering	ο πάσσαλος [o **pa**ßaloß]
Kaffeemaschine	η καφετιέρα [i kafe**tje**ra]
Kinderbett	το παιδικό κρεβάτι [to peði**ko** kre**wa**ti]
Kissen	το μαξιλάρι [to maxi**la**ri]
Kleiderbügel	κρεμάστρα ρούχων [kre**ma**ßtra **ru**chon]
Klimaanlage	ο κλιματισμός [o klimatis**moß**]
Kochtöpfe	κατσαρολικά *(n/Pl)* [katßaroli**ka**]
Küche	η κουζίνα [i ku**si**na]

Ich bleibe/Wir bleiben 2 Tage/Wochen.	*Θα μείνω/Θα μείνουμε* δύο *ημέρες/εβδομάδες.* *[θa* ***mi****no/θa* ***mi****nume* **ði**o *i****me****reß/ewðo****ma****ðeß]*
Ich brauche (keine) Bettwäsche.	(Δεν) Χρειάζομαι σεντόνια και μαξιλάρια. [(ðen) chri**a**some ße**ndo**nja ke maxi**la**rja]
Wann wird die Eingangstür abgeschlossen?	Πότε κλειδώνεται η είσοδος; [**po**te kli**ðo**nete i **i**ßoðoß]
Wie weit ist es	**Πόσο μακριά είναι** [**po**ßo makri**a** **i**ne]
bis zum Strand	μέχρι την παραλία [**me**chri tin para**li**a]
bis zur Stadt	μέχρι την πόλη [**me**chri tin **po**li]
bis zum Bahnhof?	μέχρι το σταθμό; [**me**chri to ßta**θmo**]

leihen	δανείζω [ða**ni**so]
Licht	το φως [to foß]
Müll	σκουπίδια *(n/Pl)* [ßku**pi**ðja]
Mülleimer	ο σκουπιδοτενεκές [o ßkupiðotene**keß**]
Münzen	κέρματα *(n/Pl)* [**ker**mata]
Nebenkosten	κοινόχρηστα *(n/Pl)* [ki**no**chrißta]
Parkplatz	το πάρκινγκ [to **par**king]
Pension	η πανσιόν [i pan**ßjon**]
Radio	το ράδιο [to **ra**ðio]
Rechnung	ο λογαριασμός [o logarja**smoß**]
reinigen	καθαρίζω [kaθa**ri**so]
reparieren	διορθώνω [ðior**θo**no]
Safe	το χρηματοκιβώτιο [to chrimatoki**wo**tio]
Schlafsack	το σλίπινγκ μπανγκ [to **ßli**ping bang]
Schlüssel	το κλειδί [to kli**ði**]
Seife	το σαπούνι [to ßa**pu**ni]
Speisesaal	η τραπεζαρία [i trapesa**ri**a]
Sportplatz	το γήπεδο [to **ji**peðo]
Strom	το ρεύμα [to **rew**ma]
Telefon	το τηλέφωνο [to ti**le**fono]
Toilette	η τουαλέτα [i tua**le**ta]
Toilettenpapier	το χαρτί τουαλέτας [to char**ti** tua**le**taß]
Trinkwasser	το πόσιμο νερό [to **po**ßimo ne**ro**]
Ventilator	ο ανεμιστήρας [o anemi**ßti**raß]
Waschbecken	ο νιπτήρας [o nip**ti**raß]
waschen	πλένω [**ple**no]
Waschmaschine	το πλυντήριο ρούχων [to plin**di**rio **ru**chon]
Wasser	το νερό [to ne**ro**]
Wasserverbrauch	κατανάλωση νερού [kata**na**loßi ne**ru**]
Wohnmobil	το κάραβαν [to **ka**rawan]
Wohnwagen	το τροχόσπιτο [to tro**cho**ßpito]
Zimmermädchen	η καμαριέρα [i kamar**je**ra]

Ein Besuch im Kafenio gleicht einem Schnellkurs in griechischer Lebensweise

Essen und Trinken

Wo gibt es hier
ein *gutes/preiswertes* Restaurant
ein *nettes/typisches* Lokal

mit *einheimischer/internationaler* Küche?

Πού υπάρχει [pu i**par**chi]
ένα *καλό/οικονομικό* εστιατόριο
[**e**na *ka**lo**/ikonomi**ko*** eßtia**to**rio]
μια *ωραία/χαρακτηριστική για την περιοχή* ταβέρνα
[mja *o**re**a/charaktiriß**ti**ki ja tin perio**chi*** ta**wer**na]
με *τοπικές σπεσιαλιτέ/διεθνή* κουζίνα;
[me *topi**keß** ßpeßiali**te**/ðie**θni*** ku**si**na]

Wir möchten
frühstücken
*mittag-/abend*essen

eine Kleinigkeit essen
nur etwas trinken.

Θα θέλαμε [θa **θe**lame]
να φάμε το πρωινό [na **fa**me to proi**no**]
να φάμε το *μεσημεριανό/βραδινό φαγητό*
[na **fa**me to *meßimerja**no**/wraði**no** faji**to***]
να φάμε κάτι λίγο [na **fa**me **ka**ti **li**go]
να πιούμε μόνο κάτι.
[na **pju**me **mo**no **ka**ti]

Ich möchte einen Tisch reservieren
für *heute/morgen* abend

um *19/20* Uhr

für *4/6* Personen

auf den Namen ...

Θα ήθελα να κλείσω ένα τραπέζι
[θa **i**θela na **kli**ßo **e**na tra**pe**si]
για *σήμερα/αύριο* το βράδυ
[ja ***ßi**mera/**aw**rio* to **wra**ði]
για τις *επτά/οκτώ* το βράδυ
[ja tiß *e**pta**/o**kto*** to **wra**ði]
για *τέσσερα/έξι* άτομα
[ja *te**ßera/e**xi* **a**toma]
στο όνομα ... [ßto **o**noma]

Ich habe einen Tisch reserviert auf den Namen ...

Έχω κλείσει ένα τραπέζι στο όνομα ...
[**e**cho **kli**ßi **e**na tra**pe**si ßto **o**noma]

Einen Tisch für *2/4* Personen bitte!
Ένα τραπέζι για *δύο/τέσσερα* άτομα παρακαλώ!
[ena tra**pe**si ja ***ð**io/**te**ßera* **a**toma paraka**lo**]

Ist dieser Platz frei?
Είναι αυτή η θέση ελεύθερη;
[**i**ne af**ti** i **θe**ßi e**lef**θeri]

Wo sind die Toiletten bitte?
Πού είναι οι τουαλέτες παρακαλώ;
[pu **i**ne i tua**le**teß paraka**lo**]

Bestellen

Herr Ober, bitte!
Γκαρσόν, παρακαλώ!
[gar**ßon** paraka**lo**]

Die *Speise-/Tages-/ Getränke-/Wein-/ Eis*karte bitte!
Τον κατάλογο *φαγητών/φαγητών της ημέρας/ποτών/κρασιών/παγωτών*, παρακαλώ!
[ton kata**lo**go *faji**ton**/faji**ton** tiß **i**me**raß**/po**ton**/ kra**ßjon**/pago**ton*** paraka**lo**]

Was empfehlen Sie mir?
Τι μου συνιστάτε; [ti mu ßini**ßta**te]

* Ελάτε μαζί μου στην κουζίνα!
[e**la**te ma**si** mu ßtin ku**si**na]
Kommen Sie mit in die Küche!

Wohin der Hunger treibt

Sechs Lokaltypen prägen Griechenlands Gastronomie, da fällt die Wahl nicht selten schwer.

Hier eine Übersicht über die verschiedenen Lokale und ihre Angebote:

Σουβλατζίδικο [ßuwla**dsi**ðiko] ist ein Schnellimbiß, dessen Spezialität der [ßuw**laki**] ist, Fleisch vom Spieß, das mit Salat und Tzatziki [dsa**dsi**ki] in ein Fladenbrot eingerollt wird.

Ταβέρνα [ta**wer**na]: Dieses Weinlokal bietet Grillgerichte und Spezialitäten des Hauses.

Ψησταριά [pßißtar**ja**]: Auch in diesem Lokal wird Gegrilltes geboten.

Ψαροταβέρνα [pßarota**wer**na]: Hier kann man sich an frischen Fischgerichten vom Grill [ßta **kar**wuna], aus der Pfanne [tigani**ta**] oder auch gedünstet [wra**ßta**] laben. Da der Preis vom Gewicht des Fisches abhängt, wird man gebeten, in die Küche zu gehen und sich das Tier dort in der gewünschten Größe selbst auszusuchen.

Εστιατόριο [eßtia**to**rio]: Hier erwartet ein Restaurant mit nationaler und internationaler Küche Schlemmer aus aller Welt.

Νυχτερινό Κέντρο [nichteri**no** **ken**dro]: Das ist der Typ eines Nachtlokals der gehobenen Kategorie mit Live-Musik, Gesang und Tanz, nicht ganz billig natürlich und mit entsprechendem Publikum.

Wenn die Speisen serviert und die Gläser gefüllt sind, so wünscht man sich Καλή όρεξη! [ka**li** **o**rexi] *(Guten Appetit!)*.

Bevor man dem feuchten Naß zuspricht, heißt es Στην υγειά σας/σου [ßtin **ija** ßaß/ßu] *(Auf Ihr/Dein Wohl!)* oder vereinfacht Γεια μας [**ja** maß] *(Auf unser Wohl!)*. Dabei stößt man mit den Gläsern an.

Ich möchte/Ich nehme	**Θα ήθελα/Θα πάρω** [θa **i**θela/θa **pa**ro]
eine Suppe	μια σούπα [mja **ß**upa]
das Tagesgericht	το φαγητό της ημέρας [to faji**to** tiß i**me**raß]
das Menü Nummer *1/2*	το μενού νούμερο *ένα/δύο* [to me**nu** **nu**mero *ena/**ð**io*]
das hier als *Vorspeise/Hauptspeise/ Nachspeise.*	αυτό εδώ [af**to** e**ð**o] για *ορεκτικό/κύριο φαγητό/επιδόρπιο.* [ja *orekti**ko**/**ki**rio faji**to**/epi**ðor**pio*]
Was sind die für die Region typischen Gerichte?	Ποια είναι τα σπεσιαλιτέ της περιοχής; [pja **i**ne ta ßpeßiali**te** tiß perio**chiß**]
Ich möchte bitte *Nudeln/Reis* statt Pommes frites.	Θα ήθελα παρακαλώ *μακαρόνια/ ρύζι* αντί για πατάτες τηγανητές. [θa **i**θela paraka**lo** *maka**ro**nja/ **ri**si* **an**di ja pa**ta**teß tigani**teß**]
Ist dieses Gericht (sehr) scharf/süß/fett?	**Είναι αυτό το φαγητό** [**i**ne af**to** to faji**to**] (πολύ) καυτερό/γλυκό/λιπαρό; [(po**li**) kafte**ro**/gli**ko**/lipa**ro**]
Zu trinken *möchte ich/ möchten wir*	**Για να *πιώ θέλω/πιούμε θέλουμε*** [ja na *pjo **θe**lo/**pju**me **θe**lume*]
ein Glas	ένα ποτήρι [**e**na po**ti**ri]
eine Flasche	ένα μπουκάλι [**e**na bu**ka**li]
ein kleine Flasche Ouzo	ένα καραφάκι Ούζο [**e**na kara**fa**ki **u**so]
ein Viertel	ένα τέταρτο [**e**na **te**tarto]
einen halben Liter/einen Liter Rotwein/Weißwein/ geharzten Wein.	μισό κιλό/ένα κιλό [mi**ßo** ki**lo**/**e**na ki**lo**] κόκκινο κρασί/άσπρο κρασί/ρετσίνα. [**ko**kino kra**ßi**/**aß**pro kra**ßi**/ret**ßi**na]
Haben Sie auch offenen Wein?	Έχετε και κρασί χύμα; [**e**chete ke kra**ßi** **chi**ma]
Danke, das ist alles.	Ευχαριστώ, αυτά είναι όλα. [efchari**ßto**, af**ta** **i**ne **o**la]
Guten Appetit!	Καλή όρεξη! [ka**li** **o**rexi]
Prost!/Auf Ihr Wohl!	Γεια μας!/Στην υγειά σας! [**ja** maß/ßtin i**ja** ßaß]
Darf ich rauchen?	Μπορώ να καπνίσω; [bo**ro** na kap**ni**ßo]

Reklamieren

Entschuldigung, das habe ich nicht bestellt!	Συγνώμη, αυτό δεν το παράγγειλα εγώ! [ßi**gno**mi af**to** ðen to pa**ran**gila e**go**]
Bringen Sie uns bitte noch	**Φέρτε μας παρακαλώ και** [**fer**te maß paraka**lo** ke]
ein Besteck	ένα μαχαιροπίρουνο [**e**na machero**pi**runo]
ein Messer	ένα μαχαίρι [**e**na ma**che**ri]
eine Gabel	ένα πιρούνι [**e**na pi**ru**ni]
einen (kleinen) Löffel	ένα (μικρό) κουτάλι [**e**na (mi**kro**) ku**ta**li]
einen Teller	ένα πιάτο [**e**na **pja**to]
ein Glas	ένα ποτήρι [**e**na po**ti**ri]
Essig und Öl	ξύδι και λάδι [**xi**ði ke **la**ði]
Salz und Pfeffer	αλάτι και πιπέρι [a**la**ti ke pi**pe**ri]
Servietten.	πετσέτες. [pet**ße**teß]

Das gibt's nur bei den Griechen: Retsina

Der Tafelwein par excellence in den griechischen Tavernen ist der mit dem Harz der Aleppokiefer angereicherte Retsina, ein einfacher weißer Landwein. Die Weinharzung ist eine Methode, die schon die alten Griechen für die Konservierung des Weines verwendet haben. Retsina riecht und schmeckt, je nach dem Grad der Harzung, mehr oder weniger leicht nach Harz, und bevor man eine Flasche bestellt, sollte man lieber erst ein Glas dieses Weins probieren. Sein Geschmack ist zwar für Ausländer gewöhnungsbedürftig, aber wer sich „eingetrunken" hat, kann durchaus eine Vorliebe für dieses Naß entwickeln, zumal es außerordentlich bekömmlich ist. Heute wird dem Retsina, der ja auch exportiert wird, übrigens generell wesentlich weniger Harz zugesetzt als dem alten Bauern-Retsina. Es besteht sogar eine in Brüssel festgelegte Obergrenze von 1 % Harzanteil – früher lag diese Grenze bei 7 %. Wie dem auch sei: Probieren sollte man Retsina allemal.

Haben Sie *mein Essen/ mein Getränk* vergessen?
Ξεχάσατε *το φαγητό μου/το ποτό μου;* [xe**cha**ßate *to faji**to** mu/to po**to** mu*]

Es tut mir leid, aber die Suppe ist kalt/ das Essen ist kalt
Λυπάμαι, αλλά [li**pa**me a**la**] η σούπα είναι κρύα/ το φαγητό είναι κρύο [i **ß**upa **i**ne **kri**a/to faji**to** **i**ne **kri**o]

das Fleisch *ist zäh/ ist nicht durch.*
το κρέας *είναι σκληρό/ δεν είναι καλοψημένο.* [to **kre**aß *ine ßkli**ro**/ðen **i**ne kalopßi**me**no*]

Ich glaube, die Rechnung stimmt nicht.
Νομίζω, ο λογαριασμός δεν είναι εντάξει. [no**mi**so o logarja**smoß** ðen **i**ne en**da**xi]

Was ist das?
Τι είναι αυτό; [ti **i**ne af**to**]

Das habe ich nicht gehabt!
Αυτό δεν το είχα εγώ! [af**to** ðen to **i**cha e**go**]

Bezahlen

Ich möchte zahlen!/ Die Rechnung bitte!
Θέλω να πληρώσω!/ Το λογαριασμό παρακαλώ! [**θe**lo na pli**ro**ßo/to logarja**smo** paraka**lo**]

Ich zahle alles zusammen.
Θα τα πληρώσω εγώ όλα μαζί. [θa ta pli**ro**ßo e**go** **o**la ma**si**]

Wir zahlen getrennt.
Θα πληρώσουμε χωριστά. [θa pli**ro**ßume chori**ßta**]

Ich möchte eine Quittung, bitte.
Θα ήθελα μια απόδειξη, παρακαλώ. [θa **i**θela mja a**po**ðixi paraka**lo**]

* Σας άρεσε? [ßaß **a**reße]
Hat es Ihnen geschmeckt?

Danke, es war sehr gut.
Ναι ευχαριστώ, ήταν πολύ ωραίο. [ne efchari**ßto** **i**tan po**li** o**re**o]

Der Rest ist für Sie.
Τα ρέστα είναι δικά σας. [ta **re**ßta **i**ne ði**ka** ßaß]

Stimmt so!
Είναι εντάξει! [**i**ne en**da**xi]

Die Speisekarte

Πρωινό	Frühstück
Αβγό μελάτο/σφιχτό/μάτι/ομελετά [aw**go** me**la**to/ßfich**to**/**ma**ti/ome**le**ta]	Ei weich/hartgekocht/Spiegelei/ Omelette
Βούτυρο [**wu**tiro]	Butter
Γάλα [**ga**la]	Milch
Ζαμπόν [sa**mbon**]	Schinken
Κακάο [ka**kao**]	Kakao
Καφεδάκι (γλυκό/σκέτο/μέτριο) [kafe**ða**ki (gli**ko**/**ßke**to/**me**trio)]	griechischer Kaffee (mit/ohne/ mit wenig Zucker)
Καφές ντεκαφεϊνέ [ka**feß** dekafäi**ne**]	koffeinfreier Kaffee
Καφές φίλτρο [ka**feß** **fil**tro]	Filterkaffee
Λουκάνικο [lu**ka**niko]	Wurst
Μαρμελάδα [marme**la**ða]	Marmelade
Μέλι [**me**li]	Honig
Νεσκαφέ [neßka**fe**]	Nescafé
Σαλάμι [ßa**la**mi]	Salami
Σοκολάτα [ßoko**la**ta]	Schokolade
Τσάι (*με/χωρίς* λεμόνι) [**tßa**i (*me/cho**riß*** le**mo**ni)]	Tee (*mit/ohne* Zitrone)
Τυρί/Φέτα [ti**ri**/**fe**ta]	Käse/Schafskäse
Φρυγανιά [friga**nja**]	Zwieback
Χαμομήλι [chamo**mi**li]	Kamillentee
Ψωμί (άσπρο/μαύρο/πολύσπορο/τοστ) [pßo**mi** (**a**ßpro/**ma**wro/po**li**ßporo/toßt)]	Brot (weiß-/Schwarz-/ Mehrkorn-/Toast-)

Kleine Mahlzeiten

Πατάτες τηγανητές [pa**ta**teß tigani**teß**] με *κέτσαπ/μαγιονέζα* [me ***ke**tßap/majo**ne**sa*]	Pommes frites mit *Ketchup/Mayonnaise*
Σάντουιτς με ζαμπόν και τυρί [**ßa**nduitß me sa**mbon** ke ti**ri**]	Sandwich mit Schinken und Käse
Σουβλάκι με πίτα [ßu**wla**ki me **pi**ta]	Fleischspießchen mit Fladen-brot, Salat und Joghurt
Τοστ με τυρί [toßt me ti**ri**]	Toast mit Käse
Χάμπουργκερ [**cha**mburger]	Hamburger
Χοτ ντογκ [chot dog]	Hot dog

Ορεκτικά	Vorspeisen
Γαριδοσαλάτα [gariðoßa**la**ta]	Krabbencocktail
Γίγαντες [**ji**gandeß]	dicke Bohnen
Ελιές [el**jeß**]	Oliven
Κολοκυθάκια τηγανητά [koloki**θa**kja tigani**ta**]	gebratene Zucchini
Μεζέδες [me**se**ðeß]	kleine Häppchen
Μελιτζανοσαλάτα [melidsanoßa**la**ta]	Auberginenmus
Ντολμαδάκια [dolma**ða**kja]	gefüllte Weinblätter
Οχταπόδι σαλάτα [ochta**po**ði ßa**la**ta]	Oktopussalat

Ποικιλία [piki**li**a]	gemischte Vorspeisen
Ρωσική σαλάτα [roßi**ki** ßa**la**ta]	russischer Salat
Σπανακοπιτάκια [ßpanakopi**ta**kja]	Spinat in Blätterteig
Ταραμοσαλάτα [taramoßa**la**ta]	Fischrogenpaste
Τζατζίκι [dsa**dsi**ki]	Joghurt-Gurken-Knoblauch-Creme
Τυροπιτάκια [tiropi**ta**kja]	Schafskäse in Blätterteig

Σούπες	**Suppen**
Γιουβαρλάκια [juwar**la**kja]	eine Art Hackfleischklößchen
Κοτόσουπα [ko**to**ßupa]	Hühnersuppe mit Reis
Μαγειρίτσα [maji**ri**tßa]	Innereiensuppe (Osterspezialität)
Φακές [fa**keß**]	Linsensuppe
Φασολάδα [faßo**la**ða]	Bohnensuppe
Ψαρόσουπα [pßa**ro**ßupa]	Fischsuppe

Ψάρια και Θαλασσινά	**Fische und Meeresfrüchte**
Αστακός [aßta**koß**]	Hummer
Βακαλάος [waka**la**oß]	Kabeljau
Γαλέος [ga**le**oß]	Neunauge
Γαρίδες [ga**ri**ðeß]	Garnelen
Γλώσσα [**glo**ßa]	Seezunge
Γόπα [**go**pa]	Gründling
Καλαμαράκια [kalama**ra**kja]	Kalamaris
Καραβίδα [kara**wi**ða]	Langusten
Κολιός [ko**ljoß**]	Makrele
Λιθρίνι [li**θri**ni]	Meerbarbe
Μπακαλιάρος σκορδαλιά [baka**lja**roß ßkorða**lja**]	Stockfisch mit Knoblauch-Kartoffel-Püree
Μπαρμπούνι [bar**mbu**ni]	Rotbarbe
Μύδια [**mi**ðja]	Miesmuscheln
Ξυφίας [xi**fi**aß]	Schwertfisch
Πέρκα [**per**ka]	Barsch
Πέστροφα [**pe**ßtrofa]	Forelle
Ρέγκα [**re**gka]	Hering
Σαρδέλλες [ßar**ðe**leß]	Sardellen
Σολωμός [ßolo**moß**]	Lachs
Στρείδια [**ßtri**ðja]	Austern
Τόνος [**to**noß]	Thunfisch
Τσιπούρα [tßi**pu**ra]	Goldbrasse
Χέλι [**che**li]	Aal
Ψάρια [**pßa**rja]	Fische
βραστά/σχάρας [wra**ßta**/**ßcha**raß]	gekocht/gegrillt
τηγανητά/ψητά [tigani**ta**/pßi**ta**]	fritiert/gebacken

Λαδερά	**Gemüsegerichte und Beilagen**
Αγκινάρες [angi**na**reß]	Artischocken
Αρακάς [ara**kaß**]	Erbsen

Γεμιστά [jemißta]	mit Reis gefüllte Gemüse (Tomaten, Paprika, Zucchini, Auberginen)
Γίγαντες φούρνου [jigandeß furnu]	gebackene große, weiße Bohnen
Μακαρόνια με σάλτσα [makaronja me ßaltßa]	Nudeln mit Tomatensoße
Μελιτζάνες „ιμάμ μπαϊλντί" [melidsaneß imam baildi]	gebackene Auberginen mit Zwiebel-Tomaten-Soße
Μπάμιες [bamjeß]	Okra
Πατάτες τηγανητές [patateß tiganiteß]	Pommes frites
Πατάτες φούρνου [patateß furnu]	Backkartoffeln
Πατατοκεφτέδες [patatokefteðeß]	Kartoffelfrikadellen
Πατατοσαλάτα [patatosalata]	Kartoffelsalat
Πιλάφι [pilafi]	gekochter Reis
Φασολάκια [faßolakja]	grüne Bohnen in Tomatensoße

Φαγητά με κρέας	**Fleischgerichte**
Γεμιστά με κιμά [jemißta me kima]	Gemüse (Tomaten, Paprika, Zucchini, Auberginen) mit Hackfleisch-Reis-Füllung
Γιουβέτσι με μοσχάρι [juwetßi me moßchari]	gebackene Reisnudeln mit Rindfleisch
Κατσικάκι φούρνου [katßikaki furnu]	gebackenes Zicklein
Κεφτέδες [kefteðeß]	Frikadellen
Κουνέλι στιφάδο [kuneli ßtifaðo]	Kaninchengulasch mit Zwiebeln
Μακαρόνια με κιμά [makaronja me kima]	Nudeln mit Hackfleisch
Μουσακάς [mußakaß]	Auberginen-Hackfleisch-Auflauf
Παστίτσιο [paßtitßjo]	Nudel-Hackfleisch-Auflauf
Σουβλάκι [ßuwlaki]	gegrilltes Fleisch am Spieß
Σουτζουκάκια σάλτσα [ßudsukakja ßaltßa]	Hackfleischklößchen mit Kreuzkümmel und Knoblauch in Tomatensoße
Στέϊκ [ßtäik]	Steak
αγγλικό/μισοψημένο/καλοψημένο [angliko/mißopßimeno /kalopßimeno]	englisch/medium/durchbraten
Συκώτι μοσχαρίσιο [ßikoti moßcharißjo]	Kalbsleber
Ψητό αρνί με πατάτες φούρνου [pßito arni me patateß furnu]	Lammbraten mit Backkartoffeln
Ψητό μοσχάρι με φασολάκια [pßito moßchari me faßolakja]	Rinderbraten mit grünen Bohnen
Ψητό χοιρινό [pßito chirino]	Schweinebraten

Σχάρας	**Grillgerichte**
Μπιφτέκι [bifteki]	Beefsteak
Μπον φιλέ [bon file]	Rumpsteak
Μπριζόλα μοσχαρίσια [brisola moßcharißja]	Kalbskotelett
Μπριζόλα χοιρινή [brisola chirini]	Schweinekotelett
Παϊδάκια αρνίσια [paiðakja arnißja]	Lammrippchen

Πουλερικά	Geflügel
Γαλοπούλα με ρύζι [galo**pu**la me **ri**si]	Pute mit Reis
Κοτόπουλο λεμονάτο [ko**to**pulo lemo**na**to]	Hähnchen in Zitronensoße
Κοτόπουλο ψητό στα κάρβουνα [ko**to**pulo pßi**to** ßta **kar**wuna]	gegrilltes Hähnchen

Σαλάτες	Salate
Αγγουροντομάτα [angurodo**ma**ta]	Gurken-Tomaten-Salat
Λάχανο [**la**chano]	Weißkohl
Μαρούλι [ma**ru**li]	Romana-Salat
Ντοματοσαλάτα [domatoßa**la**ta]	Tomatensalat
Παντζάρια [pa**ndsa**rja]	Rote Beete
Πράσινη σαλάτα [**pra**ßini ßa**la**ta]	Kopfsalat
Χωριάτικη σαλάτα [cho**rja**tiki ßa**la**ta]	Bauernsalat

Τυριά	Käse
Γκούντα [**gu**da]	Gouda
Γραβιέρα [gra**wje**ra]	Hartkäse
Κεφαλοτύρι [kefalo**ti**ri]	Hartkäse (Parmesan-ähnlich)
Μανούρι [ma**nu**ri]	weicher Schafskäse
Φέτα [**fe**ta]	Schafskäse
Χαλλούμι [cha**lu**mi]	zypriotischer Weißkäse

Γλυκά	Süßspeisen/Desserts
Γαλακτομπούρικο [galakto**bu**riko]	Blätterteig mit Grießpuddingfüllung
Γιαούρτι με μέλι [ja**ur**ti me **me**li]	Joghurt mit Honig
Κρέμα καραμελέ [**kre**ma karame**le**]	Karamelcreme
Λουκουμάδες [luku**ma**ðeß]	fritierte Hefeteigbällchen (in Honig-Zucker-Sirup)
Μπακλαβάς [bakla**waß**]	Blätterteig mit Nußfüllung (in Honig-Zucker-Sirup)
Πάστα αμυγδάλου [**pa**ßta amig**ða**lu]	Mandelkuchen
Ρυζόγαλο [ri**so**galo]	Milchreispudding
Σοκολατίνα [ßokola**ti**na]	Schokoladenkuchen
Φρουτοσαλάτα [frutoßa**la**ta]	Obstsalat

Γλυκίσματα	Gebäck
Βασιλόπιτα [waßi**lo**pita]	Neujahrspita (Kuchen mit Glücksmünze)
Κουλουράκια [kulu**ra**kja]	Buttergebäck (Osterspezialität)
Κουραμπιέδες [kura**mbje**ðeß]	Mandelgebäck (Weihnachtsspezialität)
Μελομακάρονα [meloma**ka**rona]	Plätzchen in Honig-Zucker-Sirup (Weihnachtsspezialität)
Τσουρέκι [tß**u**reki]	Hefezopf oder -kranz mit rotem Osterei

▶ **(Obst siehe Einkaufen, S. 62 f.)**

Παγωτά	**Eis**
Παγωτό ανάμικτο [pago**to** a**na**mikto]	gemischtes Eis
Παγωτό βανίλια (με σαντιγί) [pago**to** wa**ni**lja (me ßadi**ji**)]	Vanilleeis (mit Sahne)
Παγωτό σοκολάτα [pago**to** ßoko**la**ta]	Schokoladeneis
Παγωτό με φρούτα [pago**to** me **fru**ta]	Früchtebecher
Βανίλια [wa**ni**lja]	Vanille
Καρύδι [ka**ri**ði]	Nuß
Λεμόνι [le**mo**ni]	Zitrone
Μπανάνα [ba**na**na]	Banane
Σμέουρο [**ßme**uro]	Himbeer
Σοκολάτα [ßoko**la**ta]	Schokolade
Φιστίκι [fiß**ti**ki]	Pistazie
Φράουλα [**fra**ula]	Erdbeer

Die Getränkekarte

Οινοπνευματώδη ποτά	**Alkoholische Getränke**
Βερμούτ [wer**mut**]	Wermut
Κονιάκ [ko**njak**]	Kognak
Κρασί [kra**ßi**]	Wein
άσπρο/κόκκινο/ροζέ [**a**ßpro/**ko**kino/ro**se**]	weiß/rot/rosé
γλυκό/ξηρό/ντεμί [gli**ko**/xi**ro**/de**mi**]	süß/trocken/halbtrocken
Μπίρα [**bi**ra]	Bier
μπουκάλι/κουτί [bu**ka**li/ku**ti**]	Flasche/Dose
Ούζο [**u**so]	Anisschnaps
Ουίσκι [u**iß**ki]	Whisky
-σόδα/με παγάκι [**ßo**ða/me pa**ga**ki]	-Soda/mit Eis
Ρακί [ra**ki**]	Schnaps
Ρετσίνα [ret**ßi**na]	geharzter Wein
βαρελίσια/μπουκάλι [ware**li**ßja/bu**ka**li]	vom Faß/Flasche
κιλό/μισό κιλό/ένα τέταρτο [ki**lo**/mi**ßo** ki**lo**/ena **te**tarto]	ein Liter/ein halber Liter/ ein Viertel
Σαμπάνια [ßa**ba**nja]	Champagner/Sekt
Τζιν [dsin]	Gin

Αναψυκτικά	**Erfrischungsgetränke**
Λεμονάδα [lemo**na**ða]	Zitronenlimonade
Νερό [ne**ro**]	Wasser
ποτήρι/μπουκάλι/κανάτα/βρύσης [po**ti**ri/bu**ka**li/ka**na**ta/**wri**ßiß]	Glas/Flasche/Kanne/ Leitungswasser
Νερό μεταλλικό [ne**ro** metali**ko**]	Mineralwasser ohne Kohlensäure
Σόδα [**ßo**ða]	Mineralwasser mit Kohlensäure
Πορτοκαλάδα [portoka**la**ða]	Orangenlimonade
Φρουτοχυμός [frutochi**moß**]	Fruchtsaft
Χυμός μήλου [chi**moß** **mi**lu]	Apfelsaft

▶ **(Warme Getränke siehe Frühstück, S. 44.)**

Fast verloren wirken Touristen auf den Stufen des weltberühmten antiken Theaters von Epidauros

Besichtigung

Touristeninformation

Gibt es hier in der Nähe ein Fremdenverkehrsamt eine Informationsstelle?	**Υπάρχει εδώ κοντά** [i**par**chi e**ðo** ko**nda**] ένα γραφείο του Ε. Ο. Τ [**e**na gra**fi**o tu eot] ένα γραφείο πληροφοριών; [**e**na gra**fi**o plirofori**on**]
Gibt es hier organisierte Führungen Stadtrundfahrten?	**Γίνονται εδώ** [**ji**nonde e**ðo**] οργανωμένες ξεναγήσεις [orgaro**me**neß xena**ji**ßiß] περιηγήσεις στην πόλη; [perii**ji**ßiß ßtin **po**li]
Haben Sie einen Stadtplan eine Karte *der Innenstadt/ der Umgebung* Prospektmaterial ein Hotelverzeichnis ein Restaurantverzeichnis einen Veranstaltungs-kalender für diese Woche/ für die Festwochen?	**Έχετε** [echete] ένα χάρτη της πόλης [**e**na **char**ti tiß **po**liß] ένα χάρτη *του κέντρου της πόλης/ των περιχώρων* [**e**na **char**ti *tu **ke**ndru tiß **po**liß/ton peri**cho**ron*] προσπέκτους [pro**ßpe**ktuß] έναν κατάλογο με ξενοδοχεία [**e**nan ka**ta**logo me xenoðo**chi**a] έναν κατάλογο με εστιατόρια [**e**nan ka**ta**logo me eßtia**to**ria] ένα πρόγραμμα εκδηλώσεων [**e**na **pro**grama ekði**lo**ßeon] για αυτήν την εβδομάδα/για τις εβδομάδες των εκδηλώσεων; [ja af**tin** tin ewðo**ma**ða/ ja tiß ewðo**ma**ðeß ton ekði**lo**ßeon]
Können Sie für mich ein Zimmer reservieren?	Μπορείτε να μου κλείσετε ένα δωμάτιο; [bo**ri**te na mu **kli**ßete **e**na ðo**ma**tio]

Besichtigung

Abtei	διαμέρισμα βαγονιού [ðja**me**risma wago**nju**]
Altar	η αγία τράπεζα [i a**ji**a **tra**pesa]
Altertum	η αρχαιότητα [i arche**o**tita]
Altstadt	η παλιά πόλη [i pa**lja** **po**li]
antik	αρχαίος [ar**che**oß]
Architektur	η αρχιτεκτονική [i architektoni**ki**]
Ausgrabungen	ανασκαφές *(f/Pl)* [anaßka**feß**]
Aussicht	η θέα [i **θe**a]
Basilika	η βασιλική [i waßili**ki**]
Bauwerk	το κτίσμα [to **kti**sma]
Berg	το βουνό [to wu**no**]
Bild	ο πίνακας [o **pi**nakaß]
Botanischer Garten	ο βοτανικός κήπος [o wotani**koß** **ki**poß]
Brauchtum	το έθιμο [to **e**θimo]
Brücke	η γέφυρα [i **je**fira]
Burg	sτο κάστρο [to **ka**ßtro]
christlich	χριστιανικός [chrißtiani**koß**]
Dach	η σκεπή [i ßke**pi**]
Denkmal	το μνημείο [to mni**mi**o]
Epoche	η εποχή [i epo**chi**]
Exponat	το έκθεμα [to **ek**θema]
Fassade	η πρόσοψη [i **pro**ßopßi]
Festung	το οχυρό [to ochi**ro**]
Fremdenführer	ο ξεναγός [o xena**goß**]
Friedhof	το νεκροταφείο [to nekrota**fi**o]
Garten	ο κήπος [o **ki**poß]
Gasse	το σοκάκι [to ßo**ka**ki]
Gebäude	το κτίριο [to **kti**rio]
Gedenkstätte	το μνημείο [to mni**mi**o]
Gemäldegalerie	η πινακοθήκη [i pinako**θi**ki]
Geschichte	η ιστορία [i ißto**ri**a]
Glyptothek	η γλυπτοθήκη [i glipto**θi**ki]
gotisch	γοτθικός [gotθi**koß**]
Grabmal	ο τύμβος [o **tim**woß]
Grotte/Höhle	το σπήλαιο [to **ßpi**leo]
Hafen	το λιμάνι [to li**ma**ni]
Hof	η αυλή [i aw**li**]
Inschrift	η επιγραφή [i epigra**fi**]
Insel	το νησί [to ni**ßi**]
Jahrhundert	ο αιώνας [o e**o**naß]
Kapelle	το παρεκκλήσι [to pare**kli**ßi]
Katakomben	κατακόμβες *(f/Pl)* [kata**kom**weß]
Keramik	κεραμικά [kerami**ka**]
Kirche	η εκκλησία [i ekli**ßi**a]

Kloster	το μοναστήρι [to mona**ßti**ri]
Kreuz	ο σταυρός [o ßtaw**roß**]
Künstler	ο καλλιτέχνης [o kali**tech**niß]
Künstlerin	η καλλιτέχνιδα [i kali**tech**niða]
Kunst	η τέχνη [i **tech**ni]
Kunstgewerbe	εργαστήριο έργων τέχνης [erga**ßti**rio **er**gon **tech**niß]
Landschaft	το τοπίο [to to**pi**o]
Maler	ο ζωγράφος [o so**gra**foß]
Malerei	η ζωγραφική [i sografi**ki**]
Markt	η αγορά [i ago**ra**]
Marmor	το μάρμαρο [to **mar**maro]
Nationalpark	ο εθνικός κήπος [o eθni**koß** **ki**poß]
Naturschutzgebiet	το πάρκο φυσιοπροστασίας [to **par**ko fißioproßta**ßi**aß]
Orgel	το όργανο [to **or**gano]
Original	το πρωτότυπο [to pro**to**tipo]
Park	το πάρκο [to **par**ko]
prähistorisch	προϊστορικός [proißtori**koß**]
Relief	το ανάγλυφο [to a**na**glifo]
Renaissance	η αναγέννηση [i ana**je**nißi]
restaurieren	συντηρώ [ßindi**ro**]
romanisch	ρωμανικός [romani**koß**]
Ruine	το ερείπιο [to e**ri**pio]
Rundblick	το πανόραμα [to pa**no**rama]
Säule	η κολώνα [i ko**lo**na]
Schlucht	η χαράδρα [i cha**ra**ðra]
See	η λίμνη [i **lim**ni]
Skulptur	το γλυπτό [to glip**to**]
Stadt	η πόλη [i **po**li]
Stadtmauer	το τείχος [to **ti**choß]
Statue	το άγαλμα [to **a**galma]
Stil	το στιλ [to **ßtil**]
Synagoge	η συναγωγή [i ßinago**ji**]
Tal	η κοιλάδα [i ki**la**ða]
Tempel	ο ναός [o na**oß**]
Theater	το θέατρο [to **θe**atro]
Turm	ο πύργος [o **pir**goß]
Überreste	τα απομεινάρια [ta apomi**nar**ja]
Umgebung	το περιβάλλον [to peri**wa**lon]
Wald	το δάσος [to **ða**ßoß]
Wasserfall	ο καταρράκτης [o kata**rak**tiß]
Weingut	το οινοποιείο [to inopi**i**o]
Zeichnung	το σχέδιο [to **ßche**ðio]
Zoo	ο ζωολογικός κήπος [o soologi**koß** **ki**poß]

Sehenswertes

Wir möchten … besichtigen.	**Θά θέλαμε να επισκεφτούμε** [θa **θ**elame na epißke**ftu**me]
die Kathedrale/die Kirche	τη Μητρόπολη/την εκκλησία [ti mi**tro**poli/tin ekli**ßi**a]
den Palast	το παλάτι [to pa**la**ti]
die Akropolis	την ακρόπολη. [tin a**kro**poli]
Wann ist *die Ausstellung/das Museum* geöffnet?	Πότε είναι *η έκθεση/το μουσείο* ανοιχτά; [**po**te **i**ne *i* ***ek**θeßi/to mu**ßi**o* ani**chta**]
Gibt es eine (deutsche/englische) Führung?	Υπάρχει μια ξενάγηση (στα γερμανικά/στα αγγλικά); [i**par**chi mja xe**na**jißi (ßta jermani**ka**/ßta angli**ka**)]
1 Karte/2 Karten bitte, für *Erwachsene/Kinder.*	*Ένα εισιτήριο/Δύο εισιτήρια* για ενήλικους/παιδιά, παρακαλώ. [*ena ißi**ti**rio/**ði**o ißi**ti**ria* ja *e**ni**likuß/pe**ðja*** paraka**lo**]
Gibt es eine Ermäßigung für *Kinder/Studenten/Senioren?*	Υπάρχει έκπτωση για *παιδιά/φοιτητές/ηλικιωμένους;* [i**par**chi **ek**ptoßi ja *pe**ðja**/fiti**teß**/ilikio**me**nuß*]
Darf man hier filmen?	Επιτρέπεται εδώ η κινηματογράφηση; [epi**tre**pete e**ðo** i kinimato**gra**fißi]
Haben Sie einen *Katalog/Führer* in *deutscher/englischer* Sprache?	Έχετε έναν *κατάλογο/οδηγό* στη *γερμανική/αγγλική* γλώσσα; [**e**chete **e**nan *ka**ta**logo/oði**go*** ßti *jermani**ki**/angli**ki*** **glo**ßa]

Ausflüge

Wieviel kostet die Fahrt nach …?	Πόσο κοστίζει η διαδρομή για …; [**po**ßo ko**ßti**si i ðiaðro**mi** ja]
Ist das Essen extra zu bezahlen?/Sind die Eintrittspreise extra zu bezahlen?	Χρεώνεται το φαγητό επιπλέον;/Χρεώνονται τα εισιτήρια επιπλέον; [chre**o**nete to faji**to** epi**ple**on/chre**o**nonde ta ißi**ti**ria epi**ple**on]
Bitte 2 Plätze für den Ausflug nach …, *heute/morgen/um 10 Uhr.*	Παρακαλώ δύο θέσεις για την εκδρομή σε …, *σήμερα/αύριο/στις δέκα η ώρα.* [paraka**lo** **ði**o **θe**ßiß ja tin ekðro**mi** ße … ***ßi**mera/**aw**rio/ßtiß **ðe**ka i **o**ra*]
Wann/Wo ist der Treffpunkt?	*Πότε/Πού* θα γίνει η συνάντηση; [***po**te/pu* θa **ji**ni i ßi**nan**dißi]
Wann kommen wir zurück?	Πότε θα γυρίσουμε; [**po**te θa ji**ri**ßume]
Haben wir freie Zeit zur Verfügung?	Έχουμε ελεύθερο χρόνο στη διάθεσή μας; [**e**chume e**lef**θero **chro**no ßti ðia**θe**ßi maß]

Fremder und Gast

Selbst ohne Plan ist man beim Bummel durch eine griechische Stadt nicht verloren. Die Griechen sind gegenüber Fremden besonders hilfsbereit. Sogar wenn beide Teile mangels sprachlicher Verständigungsmöglichkeit mit Händen und Füßen kommunizieren müssen, wird der ortskundige Einheimische den Fremden, der für ihn gleichzeitig Gast ist, nicht ratlos herumirren lassen.

Für Wasserski-fans ist Griechenland ein wahres Eldorado

Urlaub aktiv

Am Strand, im Schwimmbad

Gibt es hier	**Υπάρχει εδώ** [i**par**chi e**ð****o**]
ein Schwimmbad	μια πισίνα [mja pi**ß**i**na**]
ein Strandbad	μια πλαζ [mja plas]
mit *Umkleidekabinen/ Dusche*	με *αποδυτήρια/ντους* [me *apoði**ti**ria/duß*]
Wie weit ist es zum Strand?	Πόσο μακριά είναι η παραλία; [**po**ßo makri**a** **i**ne i para**li**a]
Gibt es *Quallen/Seeigel* im Wasser?	Υπάρχουν στο νερό *τσούχτρες/αχινοί*; [i**par**chun ßto ne**ro** ***tßuch**treß/achi**ni***]
Ich möchte ... mieten./ Wir möchten ... mieten.	**Θά ήθελα να νοικιάσω/ Θα θέλαμε να νοικιάσουμε** [**θa i**θela na ni**kja**ßo/θa **θe**lame na ni**kja**ßume]
ein *Tret-/Motor-/Segel*boot	ένα θαλάσσιο *ποδήλατο/σκάφος/ιστιοφόρο* [ena θa**la**ßio *po**ði**lato/**ßka**foß/ißtio**fo**ro*]
ein Surfbrett	ένα σέρφινκγ [ena **ßer**fing]
Wasserski	θαλάσσιο σκι. [θa**la**ßio ßki]
Was kostet das	**Πόσο κοστίζει** [**po**ßo ko**ßti**si]
pro (halbe) Stunde	την (μισή) ώρα [tin (mi**ßi**) **o**ra]
pro Tag	την ημέρα [tin i**me**ra]
für eine Woche?	για μια εβδομάδα; [ja mja ewðo**ma**ða]
Gibt es hier	**Γίνονται εδώ** [**ji**nonde e**ðo**]
*Segel-/Surf-/Schwimm-/ Tauch*kurse?	μαθήματα *ιστιοπλοΐας/σέρφινγκ/ κολύμβησης/κατάδυσης*; [ma**θi**mata *ißtioplo**i**aß/**ßer**fing/ko**lim**wißiß/ka**ta**ðißiß*]

Ich bin *Anfänger/ Fortgeschrittener.*

Είμαι *αρχάριος/προχωρημένος.*
[ime *ar**cha**rioß/prochori**me**noß*]

Sportarten

Gibt es hier in der Nähe
einen (Mini-)Golfplatz
einen Tennisplatz
ein Fitneßcenter?

Υπάρχει εδώ κοντά [i**par**chi e**ðo** kon**da**]
ένα (μίνι)γκολφ [**e**na (**mi**ni)golf]
ένα γήπεδο για τένις [**e**na **ji**peðo ja **te**niß]
ένα γυμναστήριο; [**e**na jimna**ßti**rio]

Wo kann man hier
Squash/Tischtennis/ Tennis spielen
Fahrräder mieten
reiten?

Πού μπορεί κανείς εδώ
[pu bo**ri** ka**niß** e**ðo**]
να παίξει *σκουός/πινγκ πονγκ/τένις*
[na **pe**xi *ßku**oß**/ping pong/**te**niß*]
να νοικιάσει ποδήλατα [na ni**kja**ßi po**ði**lata]
να κάνει ιππασία; [na **ka**ni ipa**ßi**a]

Wo kann ich einen ... belegen?
*Reit-/Tennis-/Ski*kurs

Πού μπορώ να κάνω
[pu bo**ro** na **ka**no]
μαθήματα *ιππασίας/τένις/σκι;*
[ma**θi**mata *ipa**ßi**aß/**te**niß/ßki*]

Darf man hier *angeln/ baden?*

Επιτρέπεται εδώ *το ψάρεμα/το κολύμπι;*
[epi**tre**pete e**ðo** *to **pß**arema/to ko**lo**mbi*]

Ich möchte/Wir möchten ... mieten.
Wasserski
Surfbretter
einen Tennisschläger

Θέλω να νοικιάσω/ Θέλουμε να νοικιάσουμε
[**θe**lo na ni**kja**ßo/**θe**lume na ni**kja**ßume]
θαλάσσιο σκι [θa**la**ßio ßki]
σέρφινγκ [**ßer**fing]
μια ρακέτα. [mja ra**ke**ta]

Spielen Sie Schach?
Kann ich mitspielen?

Παίζετε σκάκι; [**pe**sete **ßka**ki]
Μπορώ να παίξω κι εγώ μαζί;
[bo**ro** na **pe**xo ki e**go** ma**si**]

Ich möchte ... sehen./ Wir möchten ... sehen.
das Tennisspiel/ das Fußballspiel
den Wettkampf
das *Rad-/Pferde*rennen

Θέλω να δω/Θέλουμε να δούμε
[**θe**lo na ðo/**θe**lume na **ðu**me]
το παιχνίδι του τένις/το ποδόσφαιρο
[to pech**ni**ði tu **te**niß/to po**ðo**ßfero]
τον αγώνα [ton a**go**na]
τους αγώνες *ποδηλασίας/ιπποδρομίας.*
[tuß a**go**neß *poðila**ßi**aß/ipoðro**mi**aß*]

Hüllenlos? – muß nicht sein

FKK ist in Griechenland, besonders bei der älteren Generation, nicht gern gesehen. Selbst wenn es die Griechen nicht zeigen, wirken auf sie Touristen, die auch an bevölkerten Stränden hemmungslos ihre Hüllen fallen lassen, schamlos. Nur weil die Griechen vielerorts auf den Tourismus angewiesen sind, werden die Nackten an bestimmten Stränden geduldet. Selbst „oben ohne" sollten sich Frauen nur an dafür ausgewiesenen Stränden sonnen.

Warnschilder

Απαγορεύεται το μπάνιο!	Baden verboten!
Απαγορεύονται οι βουτιές!	Springen verboten!
Διατηρείτε την παραλία καθαρή!	Halten Sie den Strand sauber!
Ιδιωτική παραλία!	Privatstrand!
Κίνδυνος!	Gefahr!

Wann beginnt die Vorstellung?	Πότε αρχίζει η παράσταση; [**po**te ar**chi**si i pa**ra**ßtaßi]
Wo findet sie statt?	Πού γίνεται; [pu **ji**nete]

Natur, Umwelt, Erlebnisreisen

Wir möchten	**Θέλουμε** [**θe**lume]
einen Ausflug machen	να κάνουμε μια εκδρομή [na **ka**nume mja ekðro**mi**]
radfahren/wandern	να κάνουμε ποδήλατο/να κάνουμε πεζοπορία [na **ka**nume po**ði**lato/na **ka**nume pesopo**ri**a]
durch den Nationalpark.	να περάσουμε από τον εθνικό κήπο. [na pe**ra**ßume a**po** ton eθni**ko** **ki**po]

Haben Sie eine	**Έχετε ένα** [**e**chete **e**na]
Wanderkarte	χάρτη για οδοιπορίες [**char**ti ja oðipo**rie**ß]
Radwanderkarte?	χάρτη για εκδρομές με ποδήλατο; [**char**ti ja ekðro**meß** me po**ði**lato]

Ist die Tour	**Είναι η εκδρομή** [**i**ne i ekðro**mi**]
anstrengend	κουραστική [kuraßti**ki**]
leicht/schwer	εύκολη/δύσκολη [**ef**koli/**ði**ßkoli]
gut markiert	καλά σηματοδοτημένη [ka**la** ßimatoðoti**me**ni]
für Kinder geeignet?	κατάλληλη για παιδιά; [ka**ta**lili ja pe**ðja**]
Wie lange dauert die Tour?	Πόσο διαρκεί η εκδρομή; [**po**ßo ðiar**ki** i ekðro**mi**]
Wo finde ich einen Bergführer?	Πού μπορώ να βρω έναν οδηγό για ορειβασία; [pu bo**ro** na wro **e**nan oði**go** ja oriwa**ßi**a]
Ist dies der richtige Weg nach …?	Είναι αυτός ο σωστός δρόμος για …; [ine af**toß** o ßo**ßtoß** **ðro**moß ja]
Wie weit ist es noch bis …?	Πόσο μακριά είναι ακόμα μέχρι …; [**po**ßo makri**a** **i**ne a**ko**ma **me**chri]

Reisen kreativ

Ich möchte … belegen.	**Θά ήθελα να παρακολουθήσω** [θa **i**θela na parakolu**ði**ßo]
einen Sprachkurs	ένα τμήμα ξένης γλώσσας [ena **tmi**ma **xe**niß **glo**ßaß]
einen *Koch-*/*Mal*kurs	ένα τμήμα *μαγειρικής/ζωγραφικής*. [ena **tmi**ma *majiri**kiß**/sografi**kiß***]

Sind noch Plätze frei?	Υπάρχουν ακόμα ελεύθερες θέσεις; [i**par**chun a**ko**ma e**lef**θereß **θe**ßiß]
Wo findet *der Kurs/ das Seminar* statt?	Πού γίνεται *το μάθημα/το σεμινάριο*; [pu **ji**nete *to **ma**θima/to ßemi**na**rio*]
Wieviele Teilnehmer hat der Kurs?	Πόσα άτομα έχει το τμήμα; [**po**ßa **a**toma **e**chi to **tmi**ma]
Wann beginnt/Wieviel kostet der Kurs?	*Πότε αρχίζει/Πόσο κοστίζει* το τμήμα; [***po**te ar**chi**si/**po**ßo ko**ßti**si* to **tmi**ma]
Gibt es eine Kinderbetreuung?	Υπάρχει κάποιος που να κρατάει τα μικρά παιδιά; [i**par**chi ka**pjoß** pu na kra**tai** ta mi**kra** pe**ðja**)
Ich habe gute/Ich habe keine Vorkenntnisse.	*Έχω αρκετές/Δεν έχω καθόλου* προκαταρκτικές γνώσεις. [***e**cho arke**teß**/ðen **e**cho ka**θo**lu* prokatarkti**keß** **gno**ßiß]

Urlaub aktiv

Aerobic	αερόμπικ [ae**ro**bik]
Ball	η μπάλα [i **ba**la]
Basketball	το μπάσκετ [to **ba**ßket]
Billiard	το μπιλιάρδο [to bi**ljar**ðo]
Bucht	ο κόλπος [o **kol**poß]
Federball	το αρπαστό [to arpa**ßto**]
Gymnastik	η γυμναστική [i jimnaßti**ki**]
Jogging	τζόγκινγκ [**dso**ging]
Muschel	το κογχύλι [to kog**chi**li]
Pferd	το άλογο [to **a**logo]
Sauna	η σάουνα [i **ßa**una]
Schatten	η σκιά [i ßki**a**]
Schlauchboot	η λαστιχένια βάρκα [i laßti**che**nja **war**ka]
Schnee	το χιόνι [to chi**o**ni]
Schnorcheln	κατάδυση με μάσκα [ka**ta**ðißi me **ma**ßka]
schwimmen	κολυμπώ [koli**mbo**]
Schwimmflossen	πέδιλα *(n/Pl)* θαλάσσης [**pe**ðila θa**la**ßiß]
Schwimmflügel	σωσίβια μπρατσάκια *(n/Pl)* [ßo**ßi**wia brat**ßa**kja]
Sonnencreme	η κρέμα ηλίου [i **kre**ma i**li**u]
Spielplatz	η παιδική χαρά [i peði**ki** cha**ra**]
Stadion	το στάδιο [to **ßta**ðio]
Sturm	η τρικυμία [i triki**mi**a]
Taucherausrüstung	ο εξοπλισμός του δύτη [o exoplis**moß** tu **ði**ti]
Umkleidekabine	αποδυτήρια *(n/Pl)* [apoði**ti**ria]
Volleyball	το βόλεϊ [to **wo**läi]
Welle	το κύμα [to **ki**ma]

Volkstümliche Busukimusik kann man in Griechenland in vielen Tavernen genießen

Unterhaltung

Kino, Theater, Oper und Konzert

Welche Filme laufen *heute/morgen* im Kino?	Ποιά φιλμ παίζονται *σήμερα/αύριο* στο σινεμά; [pja film **pe**sonde ***ßi**mera/**aw**rio* ßto ßine**ma**]
Ist der Film	**Είναι το φιλμ** [**i**ne to film]
synchronisiert	μεταγλωττισμένο [metaglotis**me**no]
in Originalversion mit Untertiteln?	σε αυθεντική γλώσσα με υπότιτλους; [ße afθendi**ki glo**ßa me i**po**titluß]
Wann beginnt	**Πότε αρχίζει** [**po**te ar**chi**si]
die Vorstellung	η παράσταση [i pa**ra**ßtaßi]
der Hauptfilm	το κυρίως φιλμ [to ki**ri**oß film]
das Konzert	το κοντσέρτο [to kon**tßer**to]
die Ballettaufführung	η παράσταση μπαλέτου [i pa**ra**ßtaßi ba**le**tu]
das Kabarett	το καμπαρέ [to kaba**re**]
die Oper	η όπερα [i **o**pera]
die Operette	η οπερέτα [i ope**re**ta]
die Komödie	η κωμωδία [i komo**ð****i**a]
das Musical	το μιούζικαλ [to **mju**sikal]
die Theatervorstellung	η θεατρική παράσταση [i θeatri**ki** pa**ra**ßtaßi]
der Kartenvorverkauf	η προπώληση εισιτηρίων [i pro**po**lißi ißiti**ri**on]
für das (Musik-)Festival?	για το φεστιβάλ (μουσικής); [ja to feßti**wal** (mußi**kiß**)]

Was wird ... gespielt?	**Τι παίζεται** [ti **pe**sete]
heute/morgen abend	*σήμερα/αύριο* το βράδυ [***ß*i**mera/**aw**rio to **wra**ði]
dieses Wochenende	αυτό το Σαββατοκύριακο [af**to** to ßawato**ki**rjako]
im Theater	στο θέατρο [ßto **θe**atro]
in der Oper	στην όπερα [ßtin **o**pera]
im Konzert	στο κοντσέρτο; [ßto kont**ßer**to]
Wo bekommt man/ Wieviel kosten die Karten?	*Πού βρίσκει κανείς/Πόσο κοστίζουν* τα εισιτήρια; [*pu* ***wri**ßki ka**niß**/**po**ßo koß**ti**sun* ta ißi**ti**ria]
Gibt es noch Karten an der Abendkasse?	Υπάρχουν ακόμα εισιτήρια το βράδυ στο ταμείο; [i**par**chun a**ko**ma ißi**ti**ria to **wra**ði ßto ta**mio**]
Gibt es verbilligte Karten?	Υπάρχουν εισιτήρια με μειωμένη τιμή; [i**par**chun ißi**ti**ria me mio**me**ni ti**mi**]
Kann man Karten telefonisch bestellen?	Μπορεί κανείς να παραγγείλει εισιτήρια τηλεφωνικώς; [bo**ri** ka**niß** na paran**gi**li ißi**ti**ria tilefoni**koß**]
* Εξαντλήθηκαν. [exa**ndli**θikan]	Ausverkauft.
Bitte 2 Karten/Plätze	**Παρκαλώ δύο *εισιτήρια/θέσεις*** [parka**lo** **ði**o *ißi**ti**ria/**θe**ßiß*]
für die Vorstellung	για την παράσταση [ja tin pa**ra**ßtaßi]
für das Konzert	για το κοντσέρτο [ja to kont**ßer**to]
heute/morgen abend	*σήμερα/αύριο* το βράδυ [***ß*i**mera/**aw**rio to **wra**ði]
um 20 Uhr.	στις οκτώ το βράδυ. [ßti o**kto** to **wra**ði]
Wie lange dauert die Vorstellung?	Πόσο διαρκεί η παράσταση; [**po**ßo ðiar**ki** i pa**ra**ßtaßi]

Im Theater

ΑΡΙΣΤΕΡΑ	links
ΔΕΞΙΑ	rechts
ΕΙΣΟΔΟΣ	Eingang
ΕΞΟΔΟΣ	Ausgang
ΕΞΟΔΟΣ ΚΙΝΔΥΝΟΥ	Notausgang
ΘΕΣΗ	Platz
ΘΕΩΡΕΙΟ	Loge
ΜΕΣΗ	Mitte
ΠΛΑΤΕΙΑ	Parkett
ΠΡΩΤΟΣ/ΔΕΥΤΕΡΟΣ ΕΞΩΣΤΗΣ	1./2. Rang
ΣΕΙΡΑ	Reihe
ΣΚΗΝΗ	Bühne
ΤΑΜΕΙΟ	Kasse
ΤΟΥΑΛΕΤΕΣ	Toiletten

Unterhaltung

Aufführung	η παράσταση [i pa**ra**ßtaßi]
ausgehen	βγαίνω έξω [**wge**no **e**xo]
Band	το συγκρότημα [to ßi**ngro**tima]
Bar	το μπαρ [to bar]
Bühne	η σκηνή [i ßki**ni**]
Bühnenbild	τα σκηνικά [ta ßkini**ka**]
Chor	η χορωδία [i choro**ði**a]
Dirigent	ο μαέστρος [o ma**e**ßtroß]
Eintrittskarte	το εισιτήριο [to ißi**ti**rio]
Folkloreabend	η λαϊκή βραδιά [i lai**ki** wra**ðja**]
Freilichtbühne	το υπαίθριο θέατρο [to i**pe**θrio θ**e**atro]
Jazzkonzert	το τζαζ κοντσέρτο [to dsas kon**tßer**to]
Kabarett	το καμπαρέ [to kaba**re**]
Kammermusik	η μουσική δωματίου [i mußi**ki** ðoma**ti**u]
Kasse	το ταμείο [to ta**mi**o]
Kino	το σινεμά [to ßine**ma**]
Komödie	η κωμωδία [i komo**ði**a]
Orchester	η όρχηστρα [i or**chi**ßtra]
Pause	το διάλειμμα [to ði**a**lima]
Popmusik	η ποπ μουσική [i pop mußi**ki**]
Premiere	η πρεμιέρα [i pre**mje**ra]
Regisseur	ο σκηνοθέτης [o ßkino**θe**tiß]
Sänger	ο τραγουδιστής [o traguði**ßtiß**]
Sängerin	η τραγουδίστρια [i tragu**ði**ßtria]
Schauspieler	ο ηθοποιός [o iθopi**oß**]
Schauspielerin	η ηθοποιός [i iθopi**oß**]
spielen	παίζω [**pe**so]
Spielfilm	το φιλμ [to film]
Tänzer	ο χορευτής [o choref**tiß**]
Tänzerin	η χορεύτρια [i cho**ref**tria]
Theater	το θέατρο [to **θe**atro]
Türsteher	ο πορτιέρης [o por**tje**riß]
Zirkus	το τσίρκο [to **tßir**ko]

Ich möchte bitte ein Programm.
Θα ήθελα ένα πρόγραμμα παρακαλώ. [θa **i**θela **e**na **pro**grama paraka**lo**]

Gibt es eine Garderobe?
Υπάρχει γκαρνταρόμπα; [i**par**chi garda**ro**ba]

Diskothek, Bar und Nachtklub

Gibt es hier — **Υπάρχει εδώ** [i**par**chi e**ðo**]

- eine Diskothek — μια ντισκοτέκ [mja dißko**tek**]
- ein Nachtlokal — ένα νυχτερινό κέντρο [**e**na nichte**ri**no **ke**ndro]
- ein Tanzlokal — ένα κέντρο με χορό [**e**na **ke**ndro me cho**ro**]
- eine (nette) Kneipe — ένα (ωραίο) μπαράκι [**e**na (o**re**o) ba**ra**ki]
- eine Bar — ένα μπαρ [**e**na bar]
- ein Lokal mit Busukimusik — μια ταβέρνα με μπουζούκια [mja ta**wer**na me bu**su**kja]
- ein Spielkasino? — ένα καζίνο; [**e**na ka**si**no]

Ist hier noch frei?	Είναι εδώ ακόμα ελεύθερο; [ine e**ð**o a**ko**ma e**lef**θero]
Die Getränkekarte, bitte.	Τον κατάλογο με τα ποτά, παρακαλώ. [ton ka**ta**logo me ta po**ta** paraka**lo**]
Möchten Sie	**Θέλετε** [**θe**lete]
mit *mir/uns* ausgehen	να βγείτε έξω μαζί *μου/μας* [na **wji**te **e**xo ma**si** *mu/maß*]
tanzen	να χορέψετε [na cho**re**pßete]
etwas trinken	να πιείτε κάτι [na **pji**te **ka**ti]
frische Luft schnappen?	να πάρετε καθαρό αέρα; [na **pa**rete kaθa**ro** a**e**ra]
Ich lade Sie ein.	Είστε καλεσμένη μου. [**i**ßte kales**me**ni mu]
Darf ich Sie ... begleiten?	**Μου επιτρέπετε να σας συνοδέψω** [mu epi**tre**pete na ßaß ßino**ð**epßo]
ein Stück	λίγο [**li**go]
nach Hause	στο σπίτι [ßto **ßpi**ti]
ins Hotel	στο ξενοδοχείο; [ßto xenoðo**chi**o]
Möchten Sie noch mit zu mir kommen?	Θέλετε να έρθετε και σε μένα; [**θe**lete na **er**θete ke ße **me**na]
Vielen Dank für diesen schönen Abend.	Ευχαριστώ πολύ γία αυτήν την ωραία βραδιά. [efchari**ßto** po**li** ja af**tin** tin o**re**a wra**ðja**]
Auf Wiedersehen./Bis morgen.	Αντίο./Μέχρι αύριο. [a**di**o/**me**chri **aw**rio]

Feste und Veranstaltungen

Wann beginnt	**Πότε αρχίζει** [**po**te ar**chi**si]
das Volksfest/das Fest	το πανηγύρι/η γιορτή [to pani**ji**ri/i jor**ti**]
das Festprogramm	το γιορταστικό πρόγραμμα [to jortaßti**ko** **pro**grama]
der Gottesdienst	η λειτουργία [i litur**ji**a]
der Umzug/die Prozession	η περιφορά/η λιτανεία [i perifo**ra**/i lita**ni**a]
die Show/die Darbietung	το σόου/η παρουσίαση [to **ßo**u/i paru**ßi**aßi]
die Zirkusvorstellung?	η παράσταση του τσίρκου; [i pa**ra**ßtaßi tu **tßir**ku]
Wo findet die Veranstaltung statt?	Πού γίνεται η εκδήλωση; [pu **ji**nete i ek**ði**loßi]
Wie lange wird die Vorstellung dauern?	Πόσο θα διαρκέσει η παράσταση; [**po**ßo θa ðiar**ke**ßi i pa**ra**ßtaßi]
Muß man Eintritt bezahlen?	Πρέπει κανείς να πληρώσει είσοδο; [**pre**pi ka**niß** na pli**ro**ßi **i**ßoðo]
Wo bekommt man/Was kosten die Eintrittskarten?	*Πού βρίσκει κανείς/Πόσο κοστίζουν* τα εισιτήρια; [*pu* ***wri**ßki ka**niß**/**po**ßo ko**ßti**sun* ta ißi**ti**ria]

Handarbeiten verschiedenster Art sind ausgesprochen beliebte Mitbringsel

Einkaufen

Allgemeines

Wo gibt es/Wo bekomme ich	**Πού υπάρχουν/Πού μπορώ να βρώ** [pu i**par**chun/pu bo**ro** na wro]
Filme	φίλμ [film]
Zeitungen?	εφημερίδες; [efime**ri**ðeß]
Gibt es hier in der Nähe	**Υπάρχει εδώ κοντά** [i**par**chi e**ðo** kon**da**]
eine Bäckerei	ένας φούρνος [**e**naß **fur**noß]
ein Lebensmittelgeschäft	ένα μπακάλικο [**e**na ba**ka**liko]
eine Metzgerei	ένα κρεοπωλείο [**e**na kreopo**li**o]
einen Supermarkt?	ένα σούπερ μάρκετ; [**e**na **ß**u**p**er **mar**ket]
* Τι επιθυμείτε; [ti epiθi**mi**te]	Was wünschen Sie?
* Μπορώ να σας βοηθήσω; [bo**ro** na ßaß woi**θi**ßo]	Kann ich Ihnen helfen?
Ich möchte mich nur umsehen.	Θέλω απλώς να ρίξω μια ματιά. [**θe**lo ap**loß** na **ri**xo mja ma**tja**]
Ich möchte bitte	**Θα ήθελα παρακαλώ** [θa **i**θela paraka**lo**]
Briefmarken	γραμματόσημα [grama**to**ßima]
eine Sonnencreme.	μια κρέμα ηλίου. [mja **kre**ma i**li**u]
Wieviel kostet das?	Πόσο κοστίζει αυτό; [**po**ßo ko**ßti**si af**to**]
Das ist (zu) teuer.	Είναι (πολύ) ακριβό. [**i**ne (po**li**) akri**wo**]
Das gefällt mir (nicht).	(Δεν) Μου αρέσει. [(ðen) mu a**re**ßi]
Ich nehme es.	Το παίρνω. [to **per**no]
Haben Sie etwas *anderes/ Preiswerteres/Größeres/ Kleineres?*	Έχετε κάτι *άλλο/φθηνότερο/μεγαλύτερο/ μικρότερο;* [echete **ka**ti *alo/fθi**no**tero/megal**i**tero/mi**kro**tero*]

Lebensmittel

Babynahrung	η παιδική τροφή [i peðiki trofi]
Ei	το αβγό [to aw**go**]
Essig	το ξύδι [to **xi**ði]
Fisch	το ψάρι [to **pß**ari]
Fladenbrot	η πίτα [i **pi**ta]
Fleisch	το κρέας [to **kre**aß]
Gebäck	βουτήματα *(n/Pl)* [wu**ti**mata]
Gemüse	λαχανικά *(n/Pl)* [lachani**ka**]
Gewürze	μπαχαρικά *(n/Pl)* [bachari**ka**]
Haferflocken	το κορν φλέικς [to korn **flä**ix]
Kakao	το κακάο [to ka**ka**o]
Kekse	μπισκότα *(n/Pl)* [biß**ko**ta]
Konserve	η κονσέρβα [i kon**ßer**wa]
Margarine	η μαργαρίνη [i marga**ri**ni]
Mayonnaise	η μαγιονέζα [i majo**ne**sa]
Mehl	το αλεύρι [to a**lew**ri]
Milch	το γάλα [to **ga**la]
Nüsse	καρύδια *(n/Pl)* [ka**ri**ðja]
Obst	το φρούτο [to **fru**to]
Öl	το λάδι [to **la**ði]
Olivenöl	το ελαιόλαδο [to ele**o**laðo]
Paprika	η πιπεριά [i piper**ja**]
Pfeffer	το πιπέρι [to pi**pe**ri]
Saft	ο χυμός [o chi**moß**]
Sahne	η κρέμα γάλακτος [i **kre**ma **ga**laktoß]; σαντιγί [ßadi**ji**]
Salz	το αλάτι [to a**la**ti]
Schokolade	η σοκολάτα [i ßoko**la**ta]
Senf	η μουστάρδα [i mu**ßtar**ða]
Thymian	το θυμάρι [to θi**ma**ri]
Wurstaufschnitt	αλλαντικά *(n/Pl)* [alandi**ka**]
Zucker	η ζάχαρη [i **sa**chari]
Zwieback	η φρυγανιά [i friga**nja**]

► **(Siehe auch Speisekarte, S. 44 ff.)**

Obst und Gemüse

Ananas	ο ανανάς [o ana**naß**]
Apfel	το μήλο [to **mi**lo]
Aprikose	το βερίκοκο [to we**ri**koko]
Artischocke	η αγκινάρα [i angi**na**ra]

Aubergine	η μελιτζάνα [i meli**dsa**na]
Avocado	το αβοκάντο [to awo**ka**do]
Banane	η μπανάνα [i ba**na**na]
Basilikum	ο βασιλικός [o waßili**koß**]
Birne	το αχλάδι [to a**chla**ði]
Bohnen (grüne –/weiße –/Riesen-)	φασόλια (πράσινα –/άσπρα –/γίγαντες) *(n/Pl)* [fa**ßo**lja (**pra**ßina –/**aß**pra –/**ji**gandeß)]
Chicorée	το σικορέ [to ßiko**re**]
Datteln	χουρμάδες *(n/Pl)* [chur**ma**ðeß]
Erdbeeren	φράουλες *(f/Pl)* [**fra**uleß]
Erdnüsse	φυστίκια *(n/Pl)* [fiß**ti**kia]
Feigen	σύκα *(n/Pl)* [**ßi**ka]
Gurke	το αγγούρι [to an**gu**ri]
Honigmelone	το πεπόνι [to pe**po**ni]
Karotten	καρότα *(n/Pl)* [ka**ro**ta]
Kartoffeln	πατάτες *(f/Pl)* [pa**ta**teß]
Kirschen	κεράσια *(n/Pl)* [ke**ra**ßja]
Kiwi	ακτινίδια *(n/Pl)* [akti**ni**ðia]
Knoblauch	το σκόρδο [to **ßkor**ðo]
Kohl	το λάχανο [to **la**chano]
Kopfsalat	η πράσινη σαλάτα [i **pra**ßini ßa**la**ta]
Lauch/Porree	το πράσο [to **pra**ßo]
Mais	το καλαμπόκι [to kalam**bo**ki]
Mandarine	το μανταρίνι [to manda**ri**ni]
Mango	το μάνγκο [to **man**gko]
Melone	το πεπόνι [to pe**po**ni]
Nektarine	το νεκταρίνι [to nekta**ri**ni]
Oliven	ελιές *(f/Pl)* [el**jeß**]
Orange	το πορτοκάλι [to porto**ka**li]
Paprikaschote	η πιπεριά [i piper**ja**]
Peperoni	η καυτερή πιπεριά [i kafte**ri** piper**ja**]
Petersilie	ο μαϊντανός [o mainda**noß**]
Pfirsich	το ροδάκινο [to ro**ða**kino]
Pflaume	το δαμάσκηνο [to ða**ma**ßkino]
Spinat	το σπανάκι [to ßpa**na**ki]
Tomate	η τομάτα [i to**ma**ta]
Wassermelone	το καρπούζι [to kar**pu**si]
(weiße/blaue) Weintrauben	σταφύλια *(n/Pl)* (άσπρα/μαύρα) [sta**fi**lja (**aß**pra/**maw**ra)]
Zitrone	το λεμόνι [to le**mo**ni]
Zucchini	το κολοκύθι [to kolo**ki**θi]
Zwiebel	το κρεμμύδι [to kre**mi**ði]

Märkte – ein besonderes Erlebnis

Jede Stadt in Griechenland hat ihren eigenen Wochenmarkt – λαϊκή αγορά [lai**ki** ago**ra**]. An diesem Tag geht es bis mittags ganz besonders hoch her. Vor allem frisches Obst und Gemüse sind preisgünstig zu haben. Aber auch schon wegen der Atmosphäre, die in ihrer Buntheit und Lebendigkeit an orientalische Souks erinnert, lohnt sich ein Bummel über einen solchen Markt. Außerdem kann man hier bisweilen sein Geschick im Handeln erproben. Versuchen Sie also ruhig einmal, den Preis ein wenig herunterzuhandeln, viele Verkäufer rechnen damit und setzen ihre Preise entsprechend höher an.

Kann ich
mit *Eurocheque/Scheck/ Travellerscheck/Kreditkarte* bezahlen
das umtauschen?

Μπορώ [bo**ro**]
να πληρώσω με *ευρωτσέκ/τσεκ/ ταξιδιωτικό τσεκ/πιστωτική κάρτα*
[na pli**ro**ßo me *ewro**tßek**/tßek/ taxiðjoti**ko** tßek/pißtoti**ki** **kar**ta*]
να το αλλάξω; [na to a**la**xo]

Wo ist *der nächste Geldautomat/die nächste Bank*?

Πού είναι *το πλησιέστερο αυτόματο τραπέζης/η πλησιέστερη τράπεζα*;
[pu **i**ne *to plißi**e**ßtero au**to**mato tra**pe**siß/ i plißi**e**ßteri **tra**peza*]

* Τίποτε άλλο? [**ti**pote **a**lo]

Noch etwas?

Danke, das ist alles.

Όχι, ευχαριστώ, αυτά είναι όλα.
[**o**chi efchari**ßto** af**ta** **i**ne **o**la]

Können Sie mir das einpacken?

Μπορείτε να μου το πακετάρετε;
[bo**ri**te na mu to pake**ta**rete]

Kann ich eine Tragetüte haben?

Μπορώ να έχω μια σακούλα;
[bo**ro** na **e**cho mja ßa**ku**la]

Lebensmittel

Ich möchte/Geben Sie mir bitte
ein Stück ...
100 Gramm ...
ein Kilo/ein halbes Kilo ...
einen Liter ...
eine Dose ...
eine Flasche ...

Θα ήθελα/Δώστε μου παρακαλώ
[θa **i**θela/**ðo**ßte mu paraka**lo**]
ένα κομμάτι ... [ena ko**ma**ti]
εκατό γραμμάρια ... [eka**to** gra**ma**ria]
ένα κιλό/μισό κιλό ... [ena ki**lo**/mi**ßo** ki**lo**]
ένα λίτρο ... [ena **li**tro]
ένα κουτί ... [ena *ku**ti***]
ένα μπουκάλι ... [ena *bu**ka**li*]

Kann ich davon probieren?

Μπορώ να δοκιμάσω από αυτό;
[bo**ro** na ðoki**ma**ßo a**po** af**to**]

* Να το αφήσω λίγο παραπάνω;
[na to a**fi**ßo **li**go para**pa**no]

Darf es etwas mehr sein?

Etwas *mehr/weniger* bitte.

Λίγο *περισσότερο/λιγότερο* παρακαλώ.
[**li**go *peri**ßo**tero/li**go**tero* paraka**lo**]

Lassen Sie es so!

Αφήστε το όσο είναι! [a**fi**ßte to **o**ßo **i**ne]

Bücher, Schreibwaren und Zeitungen

Haben Sie	**Έχετε** [echete]
deutsche *Zeitungen/ Illustrierte*	γερμανικές *εφημερίδες/περιοδικά* [jermani**keß** *efimeriðeß/perioði**ka***]
Ansichtskarten	καρτ ποστάλ [kart po**ßtal**]
Briefmarken	γραμματόσημα [grama**to**ßima]
Briefpapier	χαρτί αλληλογραφίας [char**ti** alilogra**fi**aß]
Umschläge	φακέλους [fa**ke**luß]
Kugelschreiber/Stifte	στυλό/μολύβια [ßti**lo**/mo**li**wja]
(deutsche/englische) Bücher	βιβλία (γερμανικά/αγγλικά) [wi**wli**a (jermani**ka**/angli**ka**)]
Klebstoff/Klebeband?	κόλλα/κολλητική ταινία; [**ko**la/koliti**ki** te**ni**a]

Ich hätte gerne	**Θα ήθελα** [θa **i**θela]
eine Landkarte	ένα χάρτη [**e**na **char**ti]
einen Stadtplan	ένα χάρτη της πόλης [**e**na **char**ti tiß **po**liß]
einen Reiseführer	έναν ταξιδιωτικό οδηγό [**e**nan taxiðioti**ko** oði**go**]
eine Wanderkarte	έναν οδοιπορικό χάρτη [**e**nan oðipori**ko** **char**ti]
ein Wörterbuch Griechisch-Deutsch.	ένα λεξικό ελληνο-γερμανικό. [**e**na lexi**ko** elino jerman**ko**]

Kleidung und Schuhe

Ich suche	**Ψάχνω** [**pßa**chno]
eine Bluse/ein Hemd	ένα πουκάμισο [**e**na pu**ka**mißo]
ein T-Shirt	ένα μπλουζάκι [**e**na blu**sa**ki]
eine Hose/einen Rock/ ein Kleid	ένα παντελόνι/μια φούστα/ένα φόρεμα [**e**na padel**o**ni/mja **fu**ßta/**e**na **fo**rema]
einen Pullover/eine Jacke	ένα πουλόβερ/μια ζακέτα [**e**na pu**lo**wer/mja sa**ke**ta]
Unterwäsche/Socken	εσώρουχα/κάλτσες [e**ßo**rucha/**kal**tßeß]
einen Regenmantel	ένα αδιάβροχο [**e**na a**ðja**wrocho]
(Turn-)Schuhe für Damen/Herren/Kinder.	(αθλητικά) παπούτσια [(aθliti**ka**) pa**pu**tßja] γυναικεία/ανδρικά/παιδικά. [jine**ki**a/anðri**ka**/peði**ka**]

Ich habe *Größe 50/ Schuhgröße 39.*	Φοράω το *πενήντα νούμερο/ παπούτσια νούμερο τριάντα εννέα.* [fo**rao** to *peninda* ***nu**mero/ pa**pu**tßja **nu**mero trianda e**nea***]
Kann ich das probieren?	Μπορώ να το δοκιμάσω; [bo**ro** na to doki**ma**ßo]
Wo ist ein Spiegel?	Πού είναι ένας καθρέφτης; [pu **i**ne **e**naß ka**θref**tiß]
Das paßt mir (nicht).	Αυτό (δεν) μου κάνει. [af**to** (ðen) mu **ka**ni]
Das/Die Farbe gefällt mir (nicht).	Αυτό/Το χρώμα (δεν) μου αρέσει. [af**to**/to **chro**ma (ðen) mu a**re**ßi]
Ich nehme es.	Το παίρνω. [to **per**no]
Ich möchte lieber dieses.	Προτιμώ αυτό. [proti**mo** af**to**]
Gibt es noch *andere Modelle/ andere Farben?*	Υπάρχουν κι *άλλα μοντέλα/ άλλα χρώματα;* [i**par**chun ki ***a**la mo**de**la/**a**la **chro**mata*]
Es ist	**Είναι** [ine]
zu *klein/groß*	πολύ *μικρό/μεγάλο* [po**li** *mi**kro**/me**ga**lo*]
zu *lang/kurz*	πολύ *μακρύ/κοντό* [po**li** *ma**kri**/kon**do***]
zu *eng/weit.*	πολύ *στενό/φαρδύ.* [po**li** *ßte**no**/far**ði***]
Ist das	**Είναι αυτό** [ine af**to**]
echtes Leder	γνήσιο δέρμα [**gni**ßio **ðer**ma]
Baumwolle/Wolle/Seide/ Leinen?	βαμβακερό/μάλλινο/μεταξωτό/λινό; [wamwake**ro**/**ma**lino/metaxo**to**/li**no**]

Kleidung und Schuhe

Anorak	το μοντκόμερυ [to mod**ko**meri]
Badeanzug/Badehose	το μαγιό [to ma**jo**]
Bademantel	το μπουρνούζι [to bur**nu**si]
BH	το σουτιέν [to ßu**tjen**]
Bikini	το μπικίνι [to bi**ki**ni]
Gürtel	η ζώνη [i **so**ni]
Halstuch	το μαντίλι [to man**di**li]
Hausschuhe	παντόφλες *(f/Pl)* [pa**do**fleß]
Hut	το καπέλο [to ka**pe**lo]
Jogginganzug	η αθλητική φόρμα [i aθliti**ki** **for**ma]
Kleid	το φόρεμα [to **fo**rema]
Krawatte	η γραβάτα [i gra**wa**ta]
Leggins	το κολάν [to ko**lan**]
Mütze	ο σκούφος [o **ßku**foß]
Sandalen	πέδιλα *(n/Pl)* [**pe**ðila]
Shorts	το σορτς [to ßortß]
Slip *(Damen)*	η κυλότα [i ki**lo**ta]
Slip *(Herren)*	το σλιπάκι [to ßli**pa**ki]
Sonnenhut	το καπέλο ηλίου [to ka**pe**lo i**li**u]
Stiefel	μπότες *(f/Pl)* [**bo**teß]
Strumpfhose	το καλτσόν [to kal**tßon**]
Weste	το γιλέκο [to ji**le**ko]

Größe 50 – sehr gefragt

Schuhkauf bereitet in Griechenland kein Problem, denn die **Schuhgrößen** entsprechen den in Deutschland gebräuchlichen. Etwas anders ist das bei den Kleidern. Hier müssen Sie zu Ihrer deutschen **Kleidergröße** eine 10 addieren und Sie haben Ihre entsprechende griechische. Wenn Sie also in Deutschland Größe 40 tragen, müssen Sie in Griechenland nach Größe 50 fragen.

Wäscherei und Reinigung

Ich möchte das *reinigen/waschen* lassen.	Θέλω να δώσω αυτό για *καθάρισμα/πλύσιμο.* [**θ**elo na **ð**oßo af**to** ja *ka**θ**arisma/**pli**ßimo*]
Wieviel kostet das?	Πόσο κοστίζει αυτό; [**po**ßo ko**ßti**si af**to**]
Wann kann ich es abholen?	Πότε μπορώ να το πάρω; [**po**te bo**ro** na to **pa**ro]

Schmuck und Uhren

Meine Kette/Meine Uhr/Mein Wecker ist kaputt.	*Η αλυσίδα μου/Το ρολόι μου/Το ξυπνητήρι μου* είναι χαλασμένο. [*i ali**ß**iða mu/to ro**lo**i mu/to xipni**ti**ri mu* ine chalas**me**no]
Können Sie das reparieren?	Μπορείτε να το επιδιορθώσετε; [bo**ri**te na to epiðior**θo**ßete]

Ich hätte gerne	**Θα ήθελα** [θa **i**θela]
eine neue Batterie	μια καινούργια μπαταρία [mja ke**nur**ja bata**ri**a]
ein Armband	ένα βραχιόλι [**e**na wra**chjo**li]
eine Brosche	μια καρφίτσα [mja kar**fi**tßa]
einen Ring	ένα δαχτυλίδι [**e**na ðachti**li**ði]
Ohrringe.	σκουλαρίκια. [ßkula**ri**kja]

Ist das	**Είναι αυτό** [**i**ne af**to**]
echt	αληθινό [eliθi**no**]
aus Silber/aus Gold	ασημένιο/χρυσό [aßi**me**njo/chri**ßo**]
versilbert/vergoldet?	επάργυρο/επίχρυσο; [e**par**jiro/e**pi**chrißo]

Elektro- und Fotoartikel

Ich suche/Ich brauche	**ψάχνω/Χρειάζομαι** [**pßa**chno/chri**a**some]
einen Adapter	ένα ταυ [**e**na taf]
eine Batterie	μια μπαταρία [mja bata**ri**a]
für den Walkman	για το γουόκμαν [ja to gu**o**kman]
für die Taschenlampe	για το φακό [ja to fa**ko**]
für den Fotoapparat	για τη φωτογραφική μηχανή [ja ti fotografi**ki** micha**ni**]
für die Videokamera	για τη βιντεοκάμερα [ja ti wideo**ka**mera]
für das Radio.	για το ράδιο. [ja to **ra**ðio]

Ich hätte gern	**Θα ήθελα** [θa **i**θela]
einen Farbfilm	ένα έγχρωμο φιλμ [**e**na **en**gchromo film]
einen Schwarzweißfilm	ένα ασπρόμαυρο φιλμ [**e**na a**ßpro**mawro film]
einen Diafilm	ένα φιλμ για σλάιτς [**e**na film ja **ßla**itß]
mit *24/36* Aufnahmen	με *είκοσι τέσσερις/τριάντα έξι* στάσεις [me *ikoßi* ***te**ßeriß/trianda* ***e**xi* **ßta**ßiß]
eine (VHS-)Videokassette	μια (βι έϊτσ εσ) βιντεοκασέτα [mja wi äitß eß wideoka**ße**ta]
ein Standardobjektiv	ένα στάνταρ φακό [**e**na **ßta**dar fa**ko**]
ein *Weitwinkelobjektiv/ Teleobjektiv.*	έναν *ευρυγώνιο φακό/τηλεφακό.* [**e**nan *ewri**go**nio fa**ko**/tilefa**ko***]
Können Sie mir	**Μπορείτε να μου** [bo**ri**te na mu]
den Film einlegen	βάλετε το φιλμ στη μηχανή [**wa**lete to film ßti micha**ni**]
diesen Film entwickeln	εμφανίσετε αυτό το φιλμ [emfa**ni**ßete af**to** to film]
Abzüge anfertigen	κάνετε φωτογραφίες [**ka**nete fotogra**fi**eß]
im Format 9 mal 9	σε διαστάσεις εννέα επί εννέα [ße ðia**ßta**ßiß e**ne**a e**pi** e**ne**a]
glänzend/matt?	γυαλιστερές/ματ; [jalißte**reß**/mat]
Machen Sie Paßbilder?	Βγάζετε φωτογραφίες διαβατηρίου; [**wga**sete fotogra**fi**eß ðiawati**ri**u]
Wann sind die Fotos fertig?	Πότε θα είναι οι φωτογραφίες έτοιμες; [**po**te θa **i**ne i fotogra**fi**eß **e**timeß]
... funktioniert nicht richtig.	**... δεν λειτουργεί σωστά.** [ðen litur**ji** ßo**ßta**]
Mein Fotoapparat	Η φωτογραφική μου μηχανή [i fotografi**ki** mu micha**ni**]
Mein Blitzlicht	Το φλας μου [to flaß mu]
Meine Videokamera	Η βιντεοκάμερα μου [i wideo**ka**mera mu)
Können Sie *einmal nachsehen/das reparieren?*	Μπορείτε *να ρίξετε μια ματιά/ να το επισκευάσετε*; [bo**ri**te *na **ri**xete mja ma**tja**/na to epißkewa**ß**ete*]
Wann kann ich *es/ sie* abholen?	Πότε μπορώ να *το/την* πάρω; [**po**te bo**ro** na *to/tin* **pa**ro]

Souvenirs, Kunsthandwerk

Ich suche	**Ψάχνω** [**pßa**chno]
ein Reiseandenken	ένα σουβενίρ [**e**na ßuwe**nir**]
Folklorekleidung	παραδοσιακές ενδυμασίες [paraðoßia**keß** enðima**ßi**eß]
Keramik	κεραμικά [kerami**ka**]
Kunstgegenstände	έργα τέχνης [**er**ga **tech**niß]
modern/antik/volkstümlich	μοντέρνα/αρχαία/λαϊκά [mo**der**na/ar**che**a/lai**ka**]
Lederwaren	δερμάτινα είδη [ðer**ma**tina **i**ði]
Schmuck.	κοσμήματα. [kos**mi**mata]

ΟΠΩΡΟΠΑΝΤΟΠΩΛΕΙΟΝ
ΣΤΕΛ. Κ. ΜΠΑΛΑΜΟΥΤΣΟΣ
ΚΑΦΕΔΕΣ Π
ΦΛΟΥΡΗ
800
950
400

Was ist typisch für	**Τι είναι χαρακτηριστικό για** [ti **i**ne charaktirißti**ko** ja]
diese Stadt	αυτήν την πόλη [af**tin** tin **po**li]
diese Gegend	αυτόν τον τόπο [af**ton** ton **to**po]
dieses Land?	αυτή τη χώρα; [af**ti** ti **cho**ra]
Ist das	**Είναι** [**i**ne]
handgemacht	χειροποίητο [chiro**pi**ito]
echt/antik	γνήσιο/αρχαίο [**gni**ßio/ar**che**o]
Kunsthandwerk	χειροποίητο έργο τέχνης [chiro**pi**ito **er**go **tech**niß]
aus der Region?	από την περιοχή; [a**po** tin perio**chi**]

Optiker

Meine Brille ist kaputt.	Τα γυαλιά μου χάλασαν. [ta ja**lja** mu **cha**laßan]
Können Sie sie reparieren?	Μπορείτε να μου τα επισκευάσετε; [bo**ri**te na mu ta epißkewa**ß**ete]
Ich brauche sie bald.	Τα χρειάζομαι σύντομα. [ta chri**a**some **ß**indoma]
Wann kann ich die Brille abholen?	Πότε μπορώ να πάρω τα γυαλιά; [**po**te bo**ro** na **pa**ro ta ja**lja**]
Ich bin *kurzsichtig/weitsichtig.*	Έχω *μυωπία/πρεσβυωπία.* [**e**cho *mio**pi**a/preßwio**pi**a*]
Ich habe	**Έχω** [**e**cho]
meine Brille/eine Kontaktlinse verloren	χάσει *τα γυαλιά μου/ένα φακό επαφής* [**cha**ßi *ta ja**lja** mu/**e**na fa**ko** epa**fiß***]
rechts/links ... Dioptrien.	*δεξιά/αριστερά* ... βαθμούς. [*ðexi**a**/arißte**ra*** ... waθ**muß**]
Ich brauche	**Χρειάζομαι** [chri**a**some]
eine Sonnenbrille	γυαλιά ηλίου [ja**lja** i**li**u]
ein Brillenetui	μια θήκη για γυαλιά [mja **θi**ki ja ja**lja**]
ein Fernglas	κιάλια [**ki**alja]
Reinigungslösung/Aufbewahrungslösung	υγρό καθαριστικό/υγρό συντήρησης [i**gro** kaθarißti**ko**/i**gro** ßin**di**rißiß]
für *harte/weiche* Kontaktlinsen.	για *σκληρούς/μαλακούς* φακούς επαφής. [ja *ßkli**ruß**/mala**kuß*** fa**kuß** epa**fiß**]

Drogerie

Ich hätte gerne	**Θα ήθελα** [θa **i**θela]
Heftpflaster	λευκοπλάστη [lefko**pla**ßti]
Papiertaschentücher	χαρτομάντηλα [charto**man**dila]
eine *Hand-/Haut*creme	μια κρέμα *για τα χέρια/για το δέρμα* [mja **kre**ma *ja ta **cher**ja/ja to **ðer**ma*]
eine Sonnencreme mit Lichtschutzfaktor *6/12*	μια κρέμα ηλίου με βαθμό προστασίας *έξι/δώδεκα* [mja **kre**ma i**li**u me waθ**mo** proßta**ß**iaß *exi/**ðo**ðeka*]
ein Shampoo	ένα σαμπουάν [**e**na ßabu**an**]
für *normales/trockenes/fettes* Haar	για *κανονικά/ξηρά/λιπαρά* μαλλιά [ja *kanoni**ka**/xi**ra**/lipa**ra*** ma**lja**]
gegen Schuppen.	κατά της πιτυρίδας. [ka**ta** tiß pitiri**ð**aß]

Tabakwaren

Bitte	**Παρακαλώ** [parakal**o**]
eine Schachtel/eine Stange Zigaretten	*ένα πακέτο/μια κούτα* τσιγάρα [*ena paketo/mja* ***ku****ta* tßi**ga**ra]
mit/ohne Filter	*με/χωρίς* φίλτρο [*me/choriß* **fil**tro]
Pfeifentabak	καπνό για πίπα [ka**pno** ja **pi**pa]
Streichhölzer	σπίρτα [**ßpir**ta]
ein Feuerzeug.	έναν αναπτήρα. [enan ana**pti**ra]

Drogerie

Babyflasche	το μπιμπερό [to bibe**ro**]
Binden (Damenbinden)	σερβιέτες *(f/Pl)* [ßer**wje**teß]
Bürste	η βούρτσα [i **wur**tßa]
Deodorant	το αποσμητικό [to aposmiti**ko**]
Duschgel	ο ζελές για ντους [o se**leß** ja duß]
Haargel	ο ζελές για τα μαλλιά [o se**leß** ja ta mal**ja**]
Haargummi	το λαστιχάκι για τα μαλλιά [to laßti**cha**ki ja ta mal**ja**]
Haarspray	η λακ μαλλιών [i lak mal**jon**]
Hautcreme	μια κρέμα για το δέρμα [mja **kre**ma ja to **ðer**ma]
Heftpflaster	λευκοπλάστη [lefko**pla**ßti]
Kamm	η χτένα [i **chte**na]
Körperlotion	η λοσιόν σώματος [i lo**ßjon** **ßo**matoß]
Kondom	η καρότα [i ka**po**ta]
Lippenpflegestift	το βουτυροκακάο [to wutiroka**kao**]
Mückenschutz(salbe)	(η κρέμα) προστασίας από κουνούπια [(i **kre**ma) proßta**ßi**aß a**po** ku**nu**pja]
Nagelfeile	η λίμα [i **li**ma]
Nagelschere	το ψαλιδάκι [to pßali**ða**ki]
Parfüm	το άρωμα [to **a**roma]
Pinzette	το τσιμπιδάκι [to tßimbi**ða**ki]
Präservativ	το προφυλακτικό [to profilakti**ko**]
Rasierklinge	το ξυράφι [to xi**ra**fi]
Rasierschaum	ο αφρός ξυρίσματος [o af**roß** xi**ri**smatoß]
Schnuller	η πιπίλα [i pi**pi**la]
Seife	το σαπούνι [to ßa**pu**ni]
Shampoo	ένα σαμπουάν [ena ßampu**an**]
Sicherheitsnadel	η παραμάνα [i para**ma**na]
Sonnencreme	μια κρέμα ηλίου [mja **kre**ma **i**li**u**]
Spiegel	ο καθρέφτης [o ka**θre**ftiß]
Spülmittel	το υγρό πιάτων [to i**gro** **pja**ton]
Tampon	το ταμπόν [to ta**mpon**]
Toilettenpapier	το χαρτί υγείας [to char**ti** **iji**aß]
Waschmittel	το απορρυπαντικό [to aporipandi**ko**]
Watte	το βαμβάκι [to wam**wa**ki]
Windeln	πάνες *(f/Pl)* [**pa**neß]
Zahnbürste	η οδοντόβουρτσα [i oðo**ndo**wurtßa]
Zahnpasta	η οδοντόπαστα [i oðo**ndo**paßta]

Geld und Schecks tauschen vor allem Banken – aber auch Post und Wechselstuben

Praktische Hinweise

Ärztliche Versorgung

Beim Arzt

Ich brauche (schnell) einen Arzt.	Χρειάζομαι (γρήγορα) ένα γιατρό. [chri**a**some (**gri**gora) **e**na ja**tro**]
Rufen Sie bitte *einen Notarzt/ einen Krankenwagen.*	Καλέστε παρακαλώ *τις πρώτες βοήθειες/ ένα ασθενοφόρο.* [ka**le**ßte paraka**lo** *tiß **pro**teß woiθieß/ ena aßθeno**fo**ro*]
Wo finde ich hier einen (deutschsprachigen/ englischsprachigen)	**Πού μπορώ να βρω εδώ ένα (γερμανόφωνο/αγγλόφωνο)** [pu bo**ro** na wro e**ðo** ena (jerma**no**fono/an**glo**fono)]
Frauenarzt	γυναικολόγο [jineko**lo**go]
Kinderarzt	παιδίατρο [pe**ði**atro]
Zahnarzt?	οδοντίατρο; [oðo**ndi**atro]
Kann der Arzt herkommen?	Μπορεί ο γιατρός να έρθει εδώ; [bo**ri** o ja**troß** na **er**θi e**ðo**]
Wann hat er Sprechstunde?	Πότε δέχεται στο ιατρείο; [**po**te **ðe**chete ßto ia**tri**o]
Kann ich *gleich in die Praxis kommen/hierbleiben?*	Μπορώ *να έρθω αμέσως στο ιατρείο/ να μείνω εδώ;* [bo**ro** *na **er**θo a**me**ßoß ßto ia**tri**o/na **mi**no e**ðo***]
Wann kann ich kommen?	Πότε μπορώ να έρθω; [**po**te bo**ro** na **er**θo]
* Τι έχετε; [ti **e**chete]	Was fehlt Ihnen?
Mir ist *schwindelig/übel.*	Έχω *ζαλάδες/αναγούλες.* [**e**cho *sa**la**ðeß/ana**gu**leß*]

i

Ich bin gestürzt.	Έπεσα. [**e**peßa]
Ich habe mich übergeben.	Έκανα εμετό. [**e**kana eme**to**]
Ich habe mich erkältet.	Κρυολόγησα. [krio**lo**jißa]
Ich habe	**Έχω** [**e**cho]
eine Allergie	αλλεργία [aler**ji**a]
Durchfall	διάρροια [ði**a**ria]
Diabetes/Zucker	διαβήτη/ζάχαρο [ðia**wi**ti/**sa**charo]
Grippe	γρίπη [**gri**pi]
Husten	βήχα [**wi**cha]
Kopfschmerzen	πονοκέφαλο [pono**ke**falo]
Bauchschmerzen	κοιλόπονο [ki**lo**pono]
Ohrenschmerzen	πόνο στα αυτιά [**po**no ßta af**tja**]
Halsschmerzen	πονόλαιμο [po**no**lemo]
eine Blasenentzündung	κυστίτιδα [ki**ßti**tiða]
Herzstechen	τσιμπήματα στην καρδιά [tßi**mbi**mata ßtin kar**ðja**]
eine chronische Krankheit	μια χρόνια αρρώστια [mja **chro**nia a**ro**ßtia]
(hohes) Fieber.	(υψηλό) πυρετό. [(ipßi**lo**) pire**to**]
* Από πότε έχετε πυρετό; [a**po po**te **e**chete pire**to**]	Seit wann haben Sie Fieber?
Seit 2 Tagen.	Εδώ και δύο ημέρες. [e**ðo** ke **ði**o i**me**reß]
* Πού πονάει; [pu po**na**i]	Wo tut es weh?
* Δεν είναι σοβαρό. [ðen **i**ne ßowa**ro**]	Es ist nichts Schlimmes.
Ist *das Bein/der Arm/ der Finger* gebrochen?	Είναι σπασμένο *το πόδι/το χέρι/το δάκτυλο*; [ine ßpas**me**no *to **po**ði/to **che**ri/to **ða**ktilo*]
Ich vertrage *die Hitze/ das Essen* nicht.	Δεν αντέχω *τη ζέστη/το φαγητό.* [ðen an**de**cho *ti **se**ßti/to faji**to***]
Ich bin	**Είμαι** [ime]
allergisch gegen Penicillin	αλλεργικός στην πενικιλίνη [alerji**koß** ßtin peniki**li**ni]
(im 4. Monat) schwanger.	έγκυος (στον τέταρτο μήνα). [engioß (ßton **te**tarto **mi**na)]
Ich nehme regelmäßig Medikamente.	Παίρνω συνέχεια φάρμακα. [**per**no ßi**ne**chia **far**maka]

Einnahmevorschriften

Αμάσητο	unzerkaut
Αφήστε να λιώσει στο στόμα	im Mund zergehen lassen
Για *εξωτερική/εσωτερική* χρήση	*äußerlich/innerlich*
Διαλύστε το στο νερό	in Wasser auflösen
Δύο/τρεις φορές την ημέρα	*2-/3*mal täglich
Με άδειο στομάχι	auf nüchternen Magen
Πριν/Με/Μετά το φαγητό	*vor/mit/nach* den Mahlzeiten

Können Sie mir	**Μπορείτε να μου** [bo**ri**te na mu]
dieses Medikament verschreiben	γράψετε αυτό το φάρμακο [**gra**pßete af**to** to **far**mako]
etwas gegen … verschreiben?	γράψετε κάτι για …; [**gra**pßete **ka**ti ja]

Beim Zahnarzt

Ich habe (starke) Zahnschmerzen/eine Füllung verloren.	Έχω *(δυνατό) πονόδοντο/μου έφυγε ένα σφράγισμα.* [**e**cho *(ðina**to**) pono**ð**ondo/mu **e**fije **e**na **ßfra**jisma*]
Können Sie	**Μπορείτε** [bo**ri**te]
mich gleich behandeln	να με εξετάσετε αμέσως [na me exe**ta**ßete a**me**ßoß]
mir ein Schmerzmittel geben?	να μου δώσετε ένα παυσίπονο; [na mu **ðo**ßete **e**na paf**ßi**pono]
Bitte reparieren Sie *den Zahn/ die Brücke/Krone/das Inlay* nur provisorisch.	Επιδιορθώστε αλλά προσωρινά παρακαλώ *το δόντι/τη γέφυρα/την κορώνα/το σφράγισμα.* [epiðior**θo**ßte a**la** proßori**na** paraka**lo** *to **ðo**ndi/ ti **je**fira/tin ko**ro**na/to **ßfra**jisma*]

Ärztliche Versorgung

Aids	το Έιτς [**to** äitß]
Allergie	η αλλεργία [i aler**ji**a]
ansteckend	μεταδοτική [metaðoti**ki**]
Antibiotikum	το αντιβιοτικό [to andiwioti**ko**]
Aspirin	η ασπιρίνη [i aßpi**ri**ni]
Attest	το πιστοποιητικό [to pißtopiiti**ko**]
Augentropfen	σταγόνες για τα μάτια [ßta**go**neß ja ta **ma**tja]
Ausschlag	το εξάνθημα [to e**xan**θima]
Beruhigungsmittel	το ηρεμιστικό [to iremißti**ko**]
Blinddarmentzündung	η σκωληκοειδίτιδα [i ßkolikoi**ði**tiða]
Blutung (starke)	η αιμορραγία (δυνατή) [i emora**ji**a (ðina**ti**)]
Desinfektionsmittel	το απολυμαντικό [to apolimandi**ko**]
Diabetes/Zucker	ο διαβήτης/το ζάχαρο [o ðia**wi**tiß/to **sa**charo]
Durchfall	η διάρροια [i ði**a**ria]
Eiter	το πύον [to **pi**on]
Entzündung	η φλεγμονή [i flegmo**ni**]
Erbrechen	ο εμετός [o eme**toß**]
Erkältung	το κρυολόγημα [to krio**lo**jima]
Fieber	ο πυρετός [o pire**toß**]
Gehirnerschütterung	η εγκεφαλική διάσειση [i engefali**ki** ðiaßißi]
Grippe	η γρίπη [i **gri**pi]
Halsschmerzen	ο πονόλαιμος [o po**no**lemoß]
Hustensaft	σιρόπι για βήχα [ßi**ro**pi ja **wi**cha]
Impfung	ο εμβολιασμός [o emwolias**moß**]

i

Ich möchte (k)eine Spritze.	(Δεν) Θέλω ένεση. [(ðen) **θe**lo **e**neßi]
Ist es schlimm?	Είναι άσχημα; [**i**ne **a**ßchima]

Im Krankenhaus

Wo ist	**Πού είναι** [pu **i**ne]
das nächste Krankenhaus	το πλησιέστερο νοσοκομείο [to plißi**e**ßtero noßoko**mi**o]
die Ambulanz?	τα εξωτερικά ιατρεία; [ta exoteri**ka** ia**tri**a]
Verständigen Sie bitte	**Ειδοποιήστε παρακαλώ** [iðopi**i**ßte paraka**lo**]
Herrn/Frau ...	τον κύριο/την κυρία ... [ton **ki**rio/tin ki**ri**a]
im Hotel ...!	στο ξενοδοχείο ...! [ßto xenoðo**chi**o]
Haben Sie *Privatzimmer/ Zweibettzimmer*?	Έχετε *ιδιωτικά/δίκλινα δωμάτια*; [**e**chete *iðioti**ka**/**ð**iklina ðo**ma**tia*]
Wie ist die Diagnose?	Τι διάγνωση έγινε; [ti **ðja**gnoßi **e**gine]
Welche Therapie ist erforderlich?	Τι θεραπεία πρέπει να γίνει; [ti θera**pi**a **pre**pi na **ji**ni]
Wie lange muß ich bleiben?	Πόσο καιρό πρέπει να μείνω; [**po**ßo ke**ro** **pre**pi na **mi**no]

Infektion	η λοίμωξη [i **li**moxi]
Kohletabletten	χάπια με άνθρακα [**cha**pja me **an**θraka]
Kreislaufstörung	διαταραχές κυκλοφορίας του αίματος *(f/Pl)* [ðiatara**cheß** kiklofo**ri**aß tu **e**matoß]
Mandelentzündung	η αμυγδαλίτιδα [i amigða**li**tiða]
Migräne	η ημικρανία [i imikra**ni**a]
Muskelzerrung	θλάση τών μυών [**θla**ßi ton mi**on**]
Ohrentropfen	σταγόνες για αυτιά [ßta**go**neß ja af**tja**]
Operation	η εγχείρηση [i eng**chi**rißi]
Pflaster	ο λευκοπλάστης [o lefko**pla**ßtiß]
Pilzinfektion	η μυκητίαση [i miki**ti**aßi]
Röntgenaufnahme	η ακτινογραφία [i aktinogra**fi**a]
Salbe	η αλοιφή [i ali**fi**]
Schlafmittel	το υπνωτικό [to ipnoti**ko**]
Schlangenbiß	το δάγκωμα φιδιού [to **ð**angoma fi**ðju**]
Schmerz	ο πόνος [o **po**noß]
Schnupfen	το συνάχι [to ßi**na**chi]
Schweiß	ο ιδρώτας [o i**ðro**taß]
Seekrankheit	η ναυτία [i naf**ti**a]
Sehnenzerrung	η θλάση τένοντα [i **θla**ßi **te**nonta]
Sonnenstich	η ηλίαση [i i**li**aßi]
Verbrennung	το έγκαυμα [to **e**ngawma]
Vergiftung	η δηλητηρίαση [i ðiliti**ri**aßi]
verstauchen	στραμπουλώ [ßtrambu**lo**]
Verstopfung	η δυσκοιλιότητα [i ðißkili**o**tita]
Virus	το μικρόβιο [to mi**kro**wio]
Wunde	η πληγή [i pli**ji**]

Was tun, wenn man krank wird?

Einen **ärztlichen Notdienst** gibt es in Griechenland nicht. Daher ruft man in Notfällen den Notarztwagen – το Πρώτων Βοηθειών [to **pro**ton woiθi**on**] – oder man sucht Hilfe bei der diensthabenden Apotheke. Da viele Ärzte im Ausland studiert haben, spricht ein Großteil von ihnen Deutsch oder Englisch. Jede **ärztliche Untersuchung** in einer privaten Arztpraxis muß übrigens sofort bar bezahlt werden. Für jede Folgebehandlung wird gewöhnlich das gleiche Honorar verlangt wie bei der ersten Behandlung. Man kann sich zwar auch auf Krankenschein behandeln lassen, aber nicht alle Praxen akzeptieren solche Scheine. Der Abschluß einer Reisekrankenversicherung ist daher durchaus zu empfehlen. Unbedingt sollten Sie sich von dem griechischen Arzt eine Quittung mit der Diagnose und der Art der Behandlung ausstellen lassen, damit Sie das von Ihnen bezahlte Arzthonorar dann zu Hause von der Reisekrankenversicherung erstattet bekommen.

(Wann) Darf ich aufstehen? — (Πότε) Επιτρέπεται να σηκωθώ; [(**po**te) epi**tre**pete na ßiko**θo**]

Es geht mir (nicht) besser. — (Δεν) Είμαι καλύτερα. [(ðen) **i**me ka**li**tera]

Ich brauche — **Χρειάζομαι** [chria**so**me]
ein Schmerzmittel — ένα παυσίπονο [**e**na paf**ßi**pono]
Schlaftabletten. — υπνωτικά. [ipnoti**ka**]

Bin ich reisefähig? — Είμαι σε θέση να ταξιδέψω; [**i**me ße **θe**ßi na taxi**ðe**pßo]

Ich möchte — **Θέλω** [**θe**lo]
den Arzt sprechen — να μιλήσω με το γιατρό [na mi**li**ßo me to ja**tro**]
einen Krankenbericht — μια ιατρική έκθεση [mja iatri**ki ek**θeßi]
eine Bestätigung — μια βεβαίωση [mja we**we**oßi]
für die Krankenkasse — για το ασφαλιστικό ταμείο [ja to aßfalißti**ko** ta**mi**o]
für meinen Hausarzt. — για το γιατρό μου. [ja to ja**tro** mu]

In der Apotheke

Ich suche eine Apotheke. — Ψάχνω ένα φαρμακείο. [**pßach**no **e**na farma**ki**o]

Ich habe ein Rezept. — Έχω μια συνταγή. [**e**cho mja ßinda**ji**]
Ich habe kein Rezept. — Δεν έχω καμιά συνταγή. [ðen echo ka**mja** ßinda**ji**]

Ich brauche — **Χρειάζομαι** [chria**so**me]
etwas gegen *Husten/Kopfschmerzen/Sonnenbrand* — κάτι για *το βήχα/τον πονοκέφαλο/την ηλίαση* [**ka**ti ja *to **wi**cha/ton ponoke**fa**lo/tin ili**a**ßi*]
für *mich/Erwachsene/Kinder.* — για *μένα/ενήλικους/παιδιά.* [ja ***me**na/e**ni**likuß/pe**ðja***]

Ist das Mittel *stark/mild?* — Είναι το φάρμακο *δυνατό/ελαφρύ;* [**i**ne to **far**mako *ðina**to**/ela**fri***]

Wieviele Tabletten/Wieviele Tropfen muß ich nehmen? — *Πόσα χάπια/Πόσες σταγόνες* πρέπει να παίρνω; [*poßa **cha**pja/**po**ßeß ßta**go**neß* **pre**pi na **per**no]

Geben Sie mir bitte eine Quittung. — Δώστε μου παρακαλώ μια απόδειξη. [**ðo**ßte mu paraka**lo** mja a**po**ðixi]

Schreiben Sie bitte die Diagnose auf englisch. — Γράψτε παρακαλώ τη διάγνωση στα αγγλικά. [**gra**pßte paraka**lo** ti ðj**a**gnoßi ßta angli**ka**]

Feiertage und Feste

Ist heute (National-)Feiertag? — Είναι σήμερα (εθνική) γιορτή; [ine **ßi**mera (eθni**ki**) jor**ti**]

Welches Fest wird heute gefeiert? — Ποιά γιορτή γιορτάζεται σήμερα; [pja jor**ti** jor**ta**sete **ßi**mera]

Wann beginnt *das Festprogramm/ das Kirchweihfest*? — Πότε αρχίζει *το γιορταστικό πρόγραμμα/ το πανηγύρι*; [**po**te ar**chi**si *to jortaßti**ko** **pro**grama/to pani**ji**ri*]

Wie lange wird es dauern? — Πόσο θα διαρκέσει; [**po**ßo θa ðiar**ke**ßi]

Wo findet die Veranstaltung statt? — Πού γίνεται η εκδήλωση; [pu **ji**nete i ek**ði**loßi]

Geld und Währung

Kann ich mit ... bezahlen? — **Μπορώ να πληρώσω με** [bo**ro** na pli**ro**ßo me]
- Eurocheques — ευρωτσέκ [ewro**tßek**]
- Travellerschecks — ταξιδιωτικό τσεκ [taxiðjoti**ko** tßek]
- Scheckkarte — τραπεζική κάρτα για τσεκ [trapesi**ki** **kar**ta ja tßek]
- Kreditkarte — πιστωτική κάρτα; [pißtoti**ki** **kar**ta]

(Wo) Gibt es hier in der Nähe — **(Πού) Υπάρχει εδώ κοντά** [(pu) i**par**chi e**ðo** kon**da**]
- eine Bank — μια τράπεζα [mja **tra**pesa]
- eine Wechselstube — ένα ανταλλακτήριο συναλλάγματος [ena andalak**ti**rio ßina**lag**matoß]
- eine Postbank — ένα ταμιευτήριο [ena tamief**ti**rio]
- einen Geldautomaten? — ένα αυτόματο μηχάνημα τραπέζης; [ena af**to**mato mi**cha**nima tra**pe**siß]

Wann/Wie lange hat die Bank geöffnet?
Πότε/Μέχρι πότε είναι η τράπεζα ανοιχτή; [*pote/mechri **pote*** ine i **tra**pesa ani**chti**]

Wo kann ich hier
Geld wechseln
Schecks einlösen?
Πού μπορώ εδώ [pu bo**ro** e**ðo**]
να αλλάξω χρήματα [na a**la**xo **chri**mata]
να εξαργυρώσω τσεκ; [na exarji**ro**ßo tßek]

Kann ich hier Geld vom Postsparbuch abheben?
Μπορώ εδώ να εισπράξω χρήματα από το βιβλιάριο ταμιευτηρίου; [bo**ro** e**ðo** na i**ßpra**xo **chri**mata a**po** to wiwli**a**rio tamieftiriu]

* Πόσα θέλετε; [**po**ßa **θe**lete]
Wieviel möchten Sie?

20 000/40 000 Drachmen.
Είκοσι χιλιάδες/σαράντα χιλιάδες δραχμές. [*ikoßi chi**lja**ðeß/ßa**ra**nda chi**lja**ðeß* ðrach**meß**]

Wie ist der heutige Wechselkurs?
Ποια είναι η σημερινή τιμή συναλλάγματος; [pja **i**ne i ßimeri**ni** ti**mi** ßina**lag**matoß]

Was ist der Höchstbetrag pro Scheck?
Ποιο είναι το ανώτατο ποσό κατά τσεκ; [pjo **i**ne to a**no**tato po**ßo** ka**ta** tßek]

Wie hoch ist die Gebühr *pro Scheck/pro Überweisung*?
Πόση είναι η προμήθεια *κατά τσεκ/κατά έμβασμα*; [**po**ßi **i**ne i pro**mi**θia *ka**ta** tßek/ka**ta** **em**wasma*]

Ich möchte 100 *DM/Schilling/Schweizer Franken* in Drachmen wechseln.
Θα ήθελα να αλλάξω εκατό *μάρκα/σελίνια/ελβετικά φράγκα* σε δραχμές. [θa **i**θela na a**la**xo eka**to** ***mar**ka/ße**li**nja/elweti**ka** **fra**nga* ße ðrach**meß**]

Geben Sie mir bitte auch Münzen.
Δώστε μου παρακαλώ και κέρματα. [**ðo**ßte mu paraka**lo** ke **ker**mata]

Kann ich Bargeld mit meiner Kreditkarte bekommen?
Μπορώ να πάρω μετρητά με την πιστωτική μου κάρτα; [bo**ro** na **pa**ro metri**ta** me tin pißtoti**ki** mu **kar**ta]

* Την κάρτα σας για τα τσεκ παρακαλώ! [tin **kar**ta ßaß ja ta tßek paraka**lo**]
Ihre Scheckkarte bitte!

* Παρακαλώ υπογράψτε εδώ! [paraka**lo** ipo**gra**pßte e**ðo**]
Bitte unterschreiben Sie hier!

Ist meine *Bankanweisung/Postanweisung* eingetroffen?
Έφτασε το *τραπεζικό/ταχυδρομικό* μου ένταλμα; [**ef**taße to *trapesi**ko**/tachiðromi**ko*** mu **e**ndalma]

Kriminalität, Polizei

Wo ist das nächste Polizeirevier?
Πού είναι το πλησιέστερο αστυνομικό τμήμα; [pu **i**ne to plißi**e**ßtero aßtinomi**ko** **tmi**ma]

Rufen Sie bitte die Polizei!
Καλέστε παρακαλώ την αστυνομία! [ka**le**ßte paraka**lo** tin aßtino**mi**a]

Man hat mich bestohlen.
Με έκλεψαν. [me **e**klepßan]

Man hat mich *auf der Straße/am Strand* überfallen.
Μου επιτέθηκαν *στο δρόμο/στην παραλία*. [mu epi**te**θikan *ßto **ðro**mo/ßtin parali**a***]

Dieser Mann belästigt mich/ verfolgt mich.	Αυτός ο άνδρας *με ενοχλεί/με παρακολουθεί.* [af**toß** o **an**ðraß *me eno**chli**/me parakolu**θi***]
Mein Auto ist aufgebrochen worden.	Μου διέρρηξαν το αυτοκίνητο. [mu ðierixan to afto**ki**nito]
... ist gestohlen worden!	**... εκλάπη!** [ek**la**pi]
Mein Ausweis	Η ταυτότητά μου [i taf**to**ti**ta** mu]
Mein Auto	Το αυτοκίνητό μου [to afto**ki**ni**to** mu]
Mein Fahrrad	Το ποδήλατό μου [to po**ði**la**to** mu]
Meine Brieftasche	Το πορτοφόλι μου [to porto**fo**li mu]
Mein Fotoapparat	Η φωτογραφική μου μηχανή [i fotografi**ki** mu micha**ni**]
Meine Handtasche	Η τσάντα μου [i **tßa**nda mu]
Meine Schecks/ Meine Scheckkarte	Τα τσεκ μου/Η κάρτα μου για τα τσεκ [ta tßek mu/i **kar**ta mu ja ta tßek]
Meine Uhr	Το ρολόι μου [to ro**lo**i mu]
Ich möchte ... anzeigen.	**Θέλω να καταγγείλω** [**θe**lo na katan**gi**lo]
einen *Diebstahl*	μια *κλοπή* [mja *klo**pi***]
einen *Betrug*	μια *απάτη* [mja *a**pa**ti*]
einen *Überfall*	μια *ληστεία* [mja *li**ßti**a*]
eine Vergewaltigung	ένα βιασμό. [**e**na wias**mo**]
Ich möchte	**Θέλω** [**θe**lo]
einen Unfall melden	να δηλώσω ένα δυστύχημα [na ði**lo**ßo **e**na ði**ßti**chima]
mit einem Anwalt/ mit meiner Botschaft sprechen.	να μιλήσω *με ένα δικηγόρο/ με την πρεσβεία μου.* [na mi**li**ßo *me **e**na ðiki**go**ro/me tin pres**wi**a mu*]
Spricht hier jemand *Deutsch/ Englisch?*	Μιλά εδώ κάποιος *γερμανικά/αγγλικά;* [mi**la** e**ðo** **ka**pjoß *jermani**ka**/angli**ka***]
Ich brauche	**Χρειάζομαι** [chri**a**some]
einen Dolmetscher	ένα διερμηνέα [**e**na ðiermi**ne**a]
eine Bescheinigung für meine Versicherung.	μια βεβαίωση για την ασφάλειά μου. [mja we**we**oßi ja tin aß**fa**lia mu]
Ich bin nicht schuld.	Εγώ δεν φταίω. [e**go** ðen **fte**o]
Damit habe ich nichts zu tun.	Με αυτό δεν έχω καμιά σχέση. [me af**to** ðen **e**cho ka**mja** **ßche**ßi]
* *Πότε/Πού* συνέβει; [***po**te/pu* ßi**ne**wi]	*Wann/Wo* ist es passiert?
* Συμπληρώστε αυτό το έντυπο παρακαλώ! [ßimbli**ro**ßte aw**to** to **e**ndipo paraka**lo**]	Füllen Sie dieses Formular bitte aus!
* Πού μένετε *εδώ/ στη Γερμανία/στην Αυστρία/ στην Ελβετία;* [pu **me**nete e**ðo**/ßti jerma**ni**a/ ßtin af**ßtri**a/ßtin elwe**ti**a]	Wo wohnen Sie *hier/ in Deutschland/in Österreich/ in der Schweiz?*

Notruf, Notfall

▶ **(Siehe auch Panne, Unfall, S. 24, und Im Krankenhaus, S. 75.)**

* Προσοχή! [proßo**chi**]	Achtung!
* Έξοδος κινδύνου [exoðoß kin**ð**inu]	Notausgang
Hilfe!	Βοήθεια! [wo**i**θia]

Öffnungszeiten

Wann *öffnet/schließt*	**Πότε *ανοίγει/κλείνει*** [pote *aniji/klini*]
der Supermarkt	το σούπερ μάρκετ [to **ß**u**per** **mar**ket]
das Geschäft	το κατάστημα [to ka**ta**ßtima]
die Bank	η τράπεζα [i **tra**pesa]
das Postamt	το ταχυδρομείο [to tachiðro**mi**o]
das Museum?	το μουσείο; [to mu**ßi**o]

Post

Wo ist hier (in der Nähe)	**Πού είναι (εδώ κοντά)** [pu **i**ne (e**ðo** **kon**da)]
die Post	το ταχυδρομείο [to tachiðro**mi**o]
ein Briefkasten?	το γραμματοκιβώτιο; [to gramatoki**wo**tio]
Ich möchte	**Θα ήθελα** [θa **i**θela]
10 Briefmarken zu 100 Drachmen	δέκα γραμματόσημα των εκατό δραχμών [**ðe**ka grama**to**ßima ton eka**to** ðrach**mon**]
Sondermarken	γραμματόσημα για συλλογή φιλοτελιστών [grama**to**ßima ja ßilo**ji** filoteli**ßton**]
für *Karten/Briefe*	για *κάρτες/γράμματα* [ja ***kar**teß/**gra**mata*]
nach Deutschland/nach Österreich/in die Schweiz.	στη Γερμανία/στην Αυστρία/στην Ελβετία. [ßti jerma**ni**a/ßtin af**ßtri**a/ßtin elwe**ti**a]
Per Luftpost.	Αεροπορικώς. [aeropori**koß**]
Per Express.	Επείγον. [e**pi**gon]
Per Einschreiben.	Συστημένο. [ßißti**me**no]
* Ποστ ρεστάντ. [poßt re**ßtand**]	Postlagernd.
Ist Post für mich gekommen?	Έχει έρθει αλληλογραφία για μένα; [**e**chi **er**θi alilogra**fi**a ja **me**na]
Mein Name ist …	Το όνομά μου είναι … [to **o**noma mu **i**ne]

Radio und Fernsehen

Gibt es *deutsche/englische* Radiosendungen?	Υπάρχουν ραδιοφωνικές εκπομπές στα *γερμανικά/αγγλικά*; [i**par**chun raðjofoni**keß** ekpo**mbeß** ßta *jermani**ka**/angli**ka***]
Um wieviel Uhr gibt es Nachrichten?	Τι ώρα είναι οι ειδήσεις; [ti **o**ra **i**ne i i**ði**ßiß]
Haben Sie ein Fernsehprogramm?	Έχετε ένα πρόγραμμα τηλεοράσεως; [**e**chete **e**na **pro**grama tileo**ra**ßeoß]

Telefonieren

(Wo) Kann ich hier telefonieren eine Telefonkarte kaufen?	**(Πού) Μπορώ εδώ** [(pu) bo**ro** e**ðo**] να τηλεφωνήσω [na tilefo**ni**ßo] να αγοράσω μια τηλεκάρτα; [na agora**ß**o mja tile**kar**ta]
Kann ich hier ein Telefax nach … abschicken?	Μπορώ από εδώ να στείλω ένα Φαξ σε …; [bo**ro** a**po** e**ðo** na **ßti**lo **e**na fax ße]
Wieviel kostet das?	Πόσο κοστίζει αυτό; [**po**ßo ko**ßti**si af**to**]
Ich möchte *nach Deutschland/ nach Östereich/in die Schweiz* telefonieren.	Θέλω να τηλεφωνήσω *στη Γερμανία/ στην Αυστρία/στην Ελβετία.* [**θe**lo na tilefo**ni**ßo *ßti jerma**nia**/ßtin af**ßtria**/ ßtin elwe**tia***]
Kann ich durchwählen?	Υπάρχει αυτόματη σύνδεση; [i**par**chi af**to**mati **ßin**ðeßi]
Gibt es hier eine Telefonzelle	**Υπάρχει εδώ** [i**par**chi e**ðo**] ένας τηλεφωνικός θάλαμος [enaß tilefoni**koß θa**lamoß]
ein *Münz-/Karten*telefon	ένα τηλέφωνο *με κέρματα/με τηλεκάρτα* [ena ti**le**fono *me **ker**mata/me tile**kar**ta*]
eine Telefonzelle, in der ich angerufen werden kann?	ένας τηλεφωνικός θάλαμος, όπου μπορεί κανείς να μου τηλεφωνήσει; [enaß tilefoni**koß θa**lamoß **o**pu bo**ri** ka**niß** na mu tilefo**ni**ßi]
Können Sie bitte wechseln?	Μπορείτε παρακαλώ να μου χαλάσετε; [bo**ri**te paraka**lo** na mu cha**la**ßete]
Ich brauche Münzen zum Telefonieren.	Χρειάζομαι κέρματα για τηλεφώνημα. [chri**a**some **ker**mata ja tile**fo**nima]
Kann ich ein Telefonbuch haben?	Μπορώ να έχω έναν τηλεφωνικό κατάλογο; [bo**ro** na **e**cho **e**nan tilefoni**ko** ka**ta**logo]
Haben Sie einen Gebührenzähler?	Έχετε ένα μετρητή; [**e**chete **e**na metri**ti**]
Bitte ein Ferngespräch nach …!	Παρακαλώ ένα υπεραστικό τηλεφώνημα για … [paraka**lo** **e**na iperaßti**ko** tile**fo**nima ja]
Wie lange muß ich warten?	Πόσο πρέπει να περιμένω; [**po**ßo **pre**pi na peri**me**no]
Was kostet eine Minute nach …?	Πόσο κοστίζει ένα λεπτό για …; [**po**ßo ko**ßti**si **e**na le**pto** ja]
* Κατειλημμένο. [katili**me**no]	Besetzt.
* Δεν απαντάει κανείς. [ðen apan**da**i ka**niß**]	Es meldet sich niemand.
Hallo!	Εμπρός! [em**broß**]
Wer ist am Apparat?	Ποιος είναι στο τηλέφωνο; [pjoß **i**ne ßto ti**le**fono]
Hier spricht …	Είμαι η … [**i**me i]
Kann ich *Herrn/ Frau/Fräulein …* sprechen?	Μπορώ να μιλήσω *με τον κύριο/ με την κυρία/με τη δεσποινίδα …*; [bo**ro** na mi**li**ßo *me ton **ki**rio/ me tin ki**ri**a/me ti ðeßpi**ni**ða*]

Telefonieren

Telegramme und **Faxe** kann man nur im Telegrafenamt **OTE** [o**te**] aufgeben, also nicht bei der Post. **Telefonieren** können Sie ebenfalls im OTE oder aber in Telefonzellen, am besten mit einer Telefonkarte – τηλεκάρτα [tile**kar**ta] –, die es am Kiosk oder im OTE zu kaufen gibt. Eine Telefonzelle mit Münztelefon findet man nur noch selten. Telefonieren ohne Telefonkarte ist allerdings auch in einem Kiosk – περίπτερο [pe**ri**ptero] – möglich, wobei Sie sich aber unbedingt vorher erkundigen sollten, ob der Einheitenzähler in Betrieb ist. Auslandsgespräche von Griechenland sind abends nach 22 Uhr am günstigsten.

Die Vorwahlnummern ins deutschsprachige Ausland sind:

Deutschland 00 49;

Österreich 00 43;

Schweiz 00 41.

* Οριστε, εγώ είμαι. [o**ri**ßte e**go** **i**me]	Am Apparat.
* Δυστυχώς δεν είναι εδώ. [ðißti**choß** ðen **i**ne e**ðo**]	Er/Sie ist leider nicht da.
Sprechen Sie *Deutsch/ Englisch*?	Μιλάτε *γερμανικά/αγγλικά*; [mi**la**te *jermani**ka**/angli**ka***]
Wann ist *er/sie* zu sprechen?	Πότε μπορώ να *του/της* μιλήσω; [**po**te bo**ro** na *tu/tiß* mi**li**ßo]
Ich rufe später wieder an.	Θα τηλεφωνήσω πάλι αργότερα. [θa tilefo**ni**ßo **pa**li ar**go**tera]
Richten Sie *ihm/ihr* bitte aus, daß ich angerufen habe.	Πέστε *του/της* παρακαλώ, ότι τηλεφώνησα. [**pe**ßte *tu/tiß* paraka**lo** **o**ti tile**fo**nißa]
Meine Nummer ist ...	Ο αριθμός τηλεφώνου μου είναι ... [o ariθ**moß** tile**fo**nu mu **i**ne]
Danke, auf Wiederhören!	Ευχαριστώ, αντίο! [efchari**ßto** a**di**o]

Toiletten

Wo sind die Toiletten bitte?	Πού είναι οι τουαλέτες παρακαλώ; [pu **i**ne i tua**le**teß paraka**lo**]
Gibt es hier eine öffentliche Toilette?	Υπάρχει εδώ μια τουαλέτα για το κοινό; [i**par**chi e**ðo** mja tua**le**ta ja to ki**no**]
* Κυρίες./Κύριοι. [ki**rie**ß/**ki**rii]	Damen./Herren.

Trinkgeld

Ist der Service im Preis inbegriffen?	Συμπεριλαμβάνεται στην τιμή και το σερβίρισμα; [ßimberilam**wa**nete ßtin ti**mi** ke to ßer**wi**risma]
Wieviel Trinkgeld ist üblich?	Πόσο μπουρμπουάρ συνηθίζεται; [**po**ßo burbu**ar** ßini**θi**sete]
Das ist für Sie!	Αυτά είναι για σας! [af**ta** **i**ne ja **ß**aß]
Behalten Sie den Rest!	Κρατήστε τα ρέστα! [kra**ti**ßte ta **re**ßta]
Stimmt so!	Εντάξει είναι! [**en**daxi **i**ne]

Reisewörterbuch Deutsch–Griechisch

A

Abend το βραδυ [to **wra**ði] 12
Abendessen το βραδινό φαγητό [to wraði**no** faji**to**] 40
Abflug η απογείωση [i apo**ji**oßi] 28
Abteil το διαμέρισμα βαγονιού [to ðia**me**risma wago**nju**] 27
Achtung! Προσοχή! [proßo**chi**] 23, 55
Adresse η διεύθυνση [i ði**ef**θinßi] 13, 16
Ärmel το μανίκι [to ma**ni**ki]
Allee η λεωφόρος [i leo**fo**roß]
allein μόνος [**mo**noß]
alles όλα *(n/Pl)* [**o**la]
alt παλιός [pa**ljoß**]; μεγάλος [me**ga**loß]
Alter η ηλικία [i ili**ki**a] 15
Ampel το φανάρι [to fa**na**ri] 22
Amt η υπηρεσία [i ipire**ßi**a] 80
anderer άλλος [**a**loß]
Anfang η αρχή [i ar**chi**]
Angst ο φόβος [o **fo**woß] 78
Anrufbeantworter αυτόματος τηλεφωνητής [af**to**matoß tilefoni**tiß**] 82
anstrengend κουραστικός [kuraßti**koß**]
Antiquitäten αντίκες *(f/Pl)* [an**di**keß] 68
Anwalt ο δικηγόρος [o ðiki**go**roß] 78, 79
Anzug το κουστούμι [to ku**ßtu**mi] 65
Apotheke το φαρμακείο [to farma**ki**o] 76
Arbeit η δουλειά [i ðu**lja**] 15
Arm το χέρι [to **che**ri] 73
arm φτωχός [fto**choß**]
Arzt ο γιατρός [o jia**troß**] 72
Athen η Αθήνα [i a**θi**na]
Aufenthalt η παραμονή [i parámo**ni**] 16
Aufzug το ασανσέρ [to aßan**ßer**] 38
Ausfahrt/Ausgang η έξοδος [i **e**xoðoß] 23, 58
Ausflug η εκδρομή [i ekðro**mi**] 52
Auskunft η πληροφορία [i pliroфo**ri**a] 28, 49
Aussicht η θέα [i **θe**a] 50
Aussichtspunkt το παρατηρητήριο [to paratiri**ti**rio] 50
Ausverkauf το ξεπούλημα [to xe**pu**lima] 61
Ausweis η ταυτότητα [i taf**to**tita] 21, 78
Auto το αυτοκίνητο [to afto**ki**nito] 22, 78
Autobahn Εθνική οδός [eθni**ki** o**ðoß**] 23
Autobahngebühr διόδια *(n/Pl)* [ði**o**ðia] 23

B

Baby το μωρό [to mo**ro**]
Babyfläschchen τό μπιμπερό [to bibe**ro**] 71
Babynahrung η παιδική τροφή [i peði**ki** tro**fi**] 62
Bad το μπάνιο [to **ba**njo] 33
Badeanzug/Badehose το μαγιό [to ma**jio**] 66
Bäckerei ο φούρνος [o **fur**noß] 61
Bahnhof ο σταθμός [o ßtaθ**moß**] 27
Bahnsteig η αποβάθρα [i apo**wa**θra] 27, 28
Ball η μπάλα [i **ba**la] 56
Bank η τράπεζα [i **tra**pesa] 77
Bargeld μετρητά *(n/Pl)* [metri**ta**] 77
Batterie η μπαταρία [i bata**ri**a] 26, 67
Baum το δέντρο [to **ðe**ndro] 55
Baumwolle το βαμβάκι [to wam**wa**ki] 66
Bedienung ο σερβιτόρος [o ßerwi**to**roß] 40, 61
Bein το πόδι [to **po**ði] 73
Benzin η βενζίνη [i wen**si**ni] 23, 24
Berg το βουνό [to wu**no**] 50
Beruf το επάγγελμα [to e**pan**gelma] 15
Bescheinigung η βεβαίωση [i we**we**oßi] 76
Besichtigung η επίσκεψη [i e**pi**ßkepßi] 49

Besitzer ο κάτοχος [o **ka**tochoß]
Besitzerin η κάτοχος [i **ka**tochoß]
Besteck μαχαιροπίρουνα *(n/Pl)* [macheropi**ru**na] 42
Betrag το ποσό [to po**ßo**] 43
betrunken μεθυσμένος [meθis**me**noß]
Bett το κρεβάτι [to kre**wa**ti] 32
BH το σουτιέν [to ßu**tjen**] 66
Bier η μπίρα [i **bi**ra] 48
Bierlokal η μπιραρία [i bira**ri**a] 48
Bikini το μπικίνι [to bi**ki**ni] 66
Bild ο πίνακας [o **pi**nakaß] 50, 68
billig φτηνός [fti**noß**]
bißchen, ein λίγο [**li**go]
bitte παρακαλώ [paraka**lo**]
Blitzlicht το φλας [to flaß] 19, 68
Bluse το πουκάμισο [to pu**ka**mißo] 65
Blut το αίμα [to **e**ma] 74
Boden το πάτωμα [to **pa**toma]
Boot η βάρκα [i **war**ka]; *(Motorboot)* το σκάφος [to **ßka**foß] 53
Botschaft η πρεσβεία [i preß**wi**a] 21, 79
Boutique η μπουτίκ [i bu**tik**] 65
Brand η φωτιά [i fo**tja**] 80
Brief το γράμμα [to **gra**ma] 65, 80
Briefkasten το γραμματοκιβώτιο [to gramatoki**wo**tio] 80
Briefmarke το γραμματόσημο [to grama**to**ßimo] 80
Brieftasche το πορτοφόλι [to porto**fo**li] 78
Brille τα γυαλιά [ta ja**lja**] 70
Brosche η καρφίτσα [i kar**fi**tßa] 67
Bruder ο αδελφός [o aðel**foß**] 13
Brücke η γέφυρα [i **je**fira] 50, 74
Buch το βιβλίο [to wi**wli**o] 65
Buchhandlung το βιβλιοπωλείο [to wiwliopo**li**o] 65
Bucht ο κόλπος [o **kol**poß] 55
Büro το γραφείο [to gra**fi**o]
Burg ο πύργος [o **pir**goß] 50
Bus(bahnhof) (ο σταθμός) λεωφορείων [(o ßtaθ**moß**) leofo**ri**on] 27, 29, 30

C

Café η καφετέρια [i kafe**te**ria] 40
Campingplatz το κάμπινγκ [to **ka**bing] 36
Chef το αφεντικό [to afendi**ko**]
Cousin ο ξάδελφος [o **xa**ðelfoß] 13
Cousine η ξαδέλφη [i xa**ðe**lfi] 13

D

Dame η κυρία [i ki**ri**a] 12, 83
Damenbinden σερβιέτες υγείας *(f/Pl)* [ßer**wje**teß ij**i**aß] 71
danke ευχαριστώ [efchari**ßto**] 14
Decke η κουβέρτα [i ku**wer**ta] 35
defekt χαλασμένος [chalas**me**noß]
Delikatesse τρόφιμα πολυτελείας [**tro**fima polite**li**aß] 40
Deodorant το αποσμητικό [to aposmiti**ko**] 71
deutsch γερμανικά [jermani**ka**] 13
Deutsche Mark το γερμανικό μάρκο [to jermani**ko** **mar**ko] 77
Deutschland η Γερμανία [i jerma**ni**a] 13
dick χοντρός [chon**droß**]
Diebstahl η κλοπή [i klo**pi**] 78
Dienstag η Τρίτη [i **tri**ti] 19
dieser αυτός [af**toß**]
Diesel το πετρέλαιο [to pe**tre**leo] 24
Ding το πράγμα [to **prag**ma]
direkt κατευθείαν [katef**θian**]
Diskothek η ντισκοτέκ [i dißko**tek**] 59
Dolmetscher ο διερμηνέας [o ðiermi**ne**aß] 79
Dolmetscherin η διερμηνέας [i ðiermi**ne**aß] 79
Donnerstag η Πέμπτη [i **pe**mbti] 19
doppelt διπλός [ði**ploß**]
Dorf το χωριό [to chor**jo**] 22, 52
Drogerie η φαρμακεμπορείον [i farmakeborion] 70
dünn λεπτός [lep**toß**]
Durchgang η διάβαση [i ði**a**waßi]
Durst η δίψα [i **ði**pßa] 48
Dusche το ντους [to duß] 33, 38

E

Ebene η πεδιάδα [i peð**ja**ða] 55
echt γνήσιος [**gni**ßioß]
Ecke η γωνία [i go**ni**a]
Ehefrau η γυναίκα [i **gi**neka] 13
Ehemann ο άντρας [o **an**draß] 13
Ehepaar το αντρόγυνο [to an**dro**jino] 13
Eingang η είσοδος [i **i**ßoðoß] 23, 58
Einkaufszentrum το εμπορικό κέντρο [to embori**ko** **ke**ndro] 61
Eintritt η είσοδος [i **i**ßoðoß] 57, 59, 60
Eintrittskarte το εισιτήριο [to ißi**ti**rio] 57, 59, 60
Einwohner ο κάτοικος [o **ka**tikoß]

Elektriker ο ηλεκτρολόγος [o ilektro**lo**goß] 67
Eltern γονείς *(m/Pl)* [go**niß**] 13
Ende το τέλος [to **te**loß]
Endstation το τέρμα [to **ter**ma] 27, 30
England η Αγγλία [i an**gli**a] 13
englisch αγγλικά *(n/Pl)* [angli**ka**] 13
Enkelkind το εγγόνι [to en**go**ni] 13
Entschuldigung! Συγνώμη! [ßig**no**mi] 14
Erde *(Welt)* η γη [i ji]; *(Boden)* το χώμα [to **cho**ma]
Erdgeschoß το ισόγειο [to i**ßo**jio] 32
Erinnerung η ανάμνηση [i a**nam**nißi]
ernst σοβαρός [ßowa**roß**]
erschöpft εξαντλημένος [exandli**me**noß]
Erwachsener ο ενήλικος [o e**ni**likoß] 27
Erzählung το διήγημα [to ði**i**jima]
Erziehung η εκπαίδευση [i ek**pe**ðefßi]
Esel ο γάιδαρος [o **gai**ðaroß]
eßbar φαγώσιμος [fa**go**ßimoß]
Essen το φαγητό [to faji**to**] 40, 73
etwas κάτι [**ka**ti]

F

Fabrik το εργοστάσιο [to ergoß**ta**ßio]
Fähre το φεριμπότ [to feri**bot**] 29
Fahrer ο οδηγός [o oði**goß**] 27, 31
Fahrkarte το εισιτήριο [to ißi**ti**rio] 27, 30
Fahrrad το ποδήλατο [to po**ði**lato] 22, 78
Fahrt η διαδρομή [i ðiaðro**mi**] 27, 28, 52
falsch λάθος [**la**θoß]
Familie η οικογένεια [i iko**je**nia] 13
Familienname το επώνυμο [to e**po**nimo] 12
Farbe το χρώμα [to **chro**ma] 20, 66
Fehler λάθος [**la**θoß]
Feiertag η αργία [i ar**ji**a] 77
Feld το χωράφι [to cho**ra**fi]
Ferien διακοπές *(f/Pl)* [ðiako**peß**]
Ferienhaus το εξοχικό σπίτι [to exochi**ko** **ßpi**ti] 35
Ferngespräch υπεραστικό τηλεφώνημα [iperaßti**ko** tile**fo**nima] 82
Fernseher η τηλεόραση [i tile**o**raßi] 80
fertig έτοιμος [**e**timoß]
Fest η γιορτή [i jor**ti**] 77
feucht υγρός [i**groß**]
Feuer η φωτιά [i fo**tja**] 80
Feuerlöscher ο πυροσβεστήρας [o pirosweß**ti**raß] 80
Feuerwehr η πυροσβεστική υπηρεσία [i pirosweßti**ki** ipire**ßi**a] 80
Film το φιλμ [to film]; *(Kinofilm)* το έργο [to **er**go] 57, 68
Finger το δάχτυλο [to **ða**chtilo] 73
Firma η εταιρεία [i ete**ri**a]
Fisch το ψάρι [to **pßa**ri] 45, 62
Flasche το μπουκάλι [to bu**ka**li] 42, 64
Flaschenöffner το ανοιχτήρι [to anich**ti**ri] 61
Fliege η μύγα [i **mi**ga]
flirten φλερτάρω [fler**ta**ro]
Flohmarkt η αγορά μεταχειρισμένων [i ago**ra** metachiris**me**non] 61
Flughafen το αεροδρόμιο [to aero**ðro**mio] 28
Flugzeug το αεροπλάνο [to aero**pla**no] 28
Fluß το ποτάμι [to po**ta**mi] 55
Formular το έντυπο [to **en**dipo] 21, 79
Fotoapparat η φωτογραφική μηχανή [i fotografi**ki** micha**ni**] 67
Fotograf ο φωτογράφος [o foto**gra**foß] 67
Fräulein η δεσποινίδα [i ðeßpi**ni**ða] 12
Frage η ερώτηση [i e**ro**tißi] 16
Frankreich η Γαλλία [i ga**li**a] 13
französisch γαλλικά *(n/Pl)* [gali**ka**] 13
Frau η κυρία [i ki**ri**a] 12, 13
frei ελεύθερος [e**lef**θeroß]
Freitag η Παρασκευή [i paraßke**wi**] 19
Fremdenverkehrsamt το τουριστικό γραφείο [to turißti**ko** gra**fi**o] 35, 49
Freund ο φίλος [o **fi**loß] 13
Freundin η φίλη [i **fi**li] 13
Friseur *(Damen)* ο κομμωτής [o komo**tiß**]; *(Herren)* ο κουρέας [o ku**re**aß]
früh νωρίς [no**riß**]
Frühling η άνοιξη [i **a**nixi] 19
Frühstück το πρωινό [to proi**no**] 40, 44
Führung η ξενάγηση [i xe**na**jißi] 49
Fuß το πόδι [to **po**ði] 73
Fußball το ποδόσφαιρο [to po**ðo**ßfero] 54
Fußgänger ο πεζός [o pe**soß**] 49
Fußgängerzone ο πεζόδρομος [o pe**so**ðromoß] 49

G
Gabel το πιρούνι [to pi**ru**ni] 42
Garage το γκαράζ [to ga**ras**] 23, 33
Garantie η εγγύηση [i en**gi**ißi] 22, 61
Garten ο κήπος [o **ki**poß] 50
geboren γεννημένος [jeni**me**noß] 14
Gebühren τέλη *(n/Pl)* [**te**li] 78
Geburtstag γενέθλια *(n/Pl)* [je**ne**θlia] 14
Gefahr ο κίνδυνος [o **kin**ðinoß] 23, 55
Geld χρήματα *(n/Pl)* [**chri**mata]; λεφτά *(n/Pl)* [le**fta**] 77
Geldbeutel το πορτοφόλι [to porto**fo**li] 78
Geldwechsel αλλάζω χρήματα [a**la**so **chri**mata] 78
Gemüse λαχανικά *(n/Pl)* [lachani**ka**] 45, 62
Gemüsehändler ο μανάβης [o ma**na**wiß] 61
geöffnet ανοιχτό [ani**chto**] 80
Gepäck η αποσκευή [i apoßke**wi**] 27, 28, 32
Gepäckaufbewahrung η φύλαξη αποσκευών [i **fi**laxi apoßke**won**] 27
geradeaus ευθεία [ef**θi**a]
Gericht το φαγητό [to faji**to**] 40
gern ευχαρίστως [efcha**ri**ßtoß]
Geruch η μυρωδιά [i miro**ðja**] 40
Geschäft το μαγαζί [to maga**si**] 61
Geschenk το δώρο [to **ðo**ro] 68
geschlossen κλειστός [kli**ßtoß**] 80
Geschmack η γεύση [i **jef**ßi] 40
Geschwindigkeit η ταχύτητα [i ta**chi**tita] 20
gesund υγειής [iji**iß**]
Getränk το ποτό [to po**to**] 48
getrennt χωριστά [chori**ßta**]
Gewicht το βάρος [to **wa**roß] 20
Gewitter η κακοκαιρία [i kakoke**ri**a] 19
giftig δηλητηριώδη [ðilitiri**o**ði]
Glas το ποτήρι [to po**ti**ri] 42
glücklich ευτυχισμένος [eftichis**me**noß]
Grad ο βαθμός [o waθ**moß**] 19
Grenze το σύνορο [**ßi**noro] 21
Grieche ο Έλληνας [o **e**linaß] 13
Griechenland η Ελλάδα [i e**la**ða] 13
Griechin η Ελληνίδα [i eli**ni**ða] 13
griechisch ελληνικά *(n/Pl)* [elini**ka**] 13
Großmutter η γιαγιά [i ja**ja**] 13
Großvater ο παππούς [o pa**puß**] 13
Gruppe το γκρουπ [to grup]
gültig το έγκυρο [to **e**ngiro]
Gürtel η ζώνη [i **so**ni] 66
gut καλός [ka**loß**]; *(Adv)* καλά [ka**la**]
Gutschein η απόδειξη [i a**po**ðixi] 61

H
Haarbürste η βούρτσα μαλλιών [i **wur**tßa ma**ljon**] 71
Haarspray η λακ μαλλιών [i lak ma**ljon**] 71
häßlich άσχημος [**a**ßchimoß]
Hafen το λιμάνι [to li**ma**ni] 29, 50
halb μισός [mi**ßoß**]
Halt! Στοπ. [ßtop]
Haltestelle η στάση [i **ßta**ßi] 27, 30
Handgepäck η χειραποσκευή [i chirapoßkewi] 28
Handtasche η τσάντα [i **tßa**nda] 61, 78
Handtuch η πετσέτα [i pe**tße**ta] 34
hart σκληρός [ßkli**roß**]
Haus το σπίτι [to **ßpi**ti] 35
hausgemacht το σπιτίσιο [to ßpi**ti**ßjo]
Heimat η πατρίδα [i pa**tri**ða] 13
heiß καυτός [kaf**toß**]; *(es ist heiß)* έχει καύσωνα [**e**chi **kaf**ßona]
Heizung το καλοριφέρ [to kalori**fer**] 34, 38
Hemd το πουκάμισο [to pu**ka**mißo] 65
Herbst το φθινόπωρο [to fθi**no**poro] 19
Herr ο κύριος [o **ki**rioß] 12
Herrentoilette κύριοι [**ki**rii] 83
Hilfe! βοήθεια! [wo**i**θia] 78, 80
Himmel ο ουρανός [o ura**noß**] 19
Hitze η ζέστη [i **se**ßti]; ο καύσωνας [o **kaf**ßonaß] 19, 73
Hobby το χόμπι [to **cho**bi]
hoch ψηλός [pßi**loß**]
Hochzeit ο γάμος [o **ga**moß]
Holz το ξύλο [to **xi**lo] 36, 61
Hose το παντελόνι [to pade**lo**ni] 65
Hotel το ξενοδοχείο [to xenoðo**chi**o] 32
hübsch όμορφος [**o**morfoß]
Hund ο σκύλος [o **ßki**loß] 36
Hunger η πείνα [i **pi**na] 40, 41
Hut το καπέλο [to ka**pe**lo] 66

I
Imbiß σνακ μπαρ [ßnakbar] 40
inklusiv συμπεριλαμβανόμενος [ßimberilamwa**no**menoß]
Insel το νησί [to ni**ßi**] 50

intelligent έξυπνος [exipnoß]
interessant ενδιαφέρων [enðia**fe**ron] 52

J

ja ναι [ne] 15
Jacke το σακάκι [to ßa**ka**ki]; *(Strickjacke)* η ζακέτα [i sa**ke**ta] 65
Jahr ο χρόνος [o **chro**noß] 19, 20
Jahreszeit η εποχή [i epo**chi**] 19
Jeans το τζιν [to dsin] 66
Jogginghose η αθλητική φόρμα [i aθliti**ki for**ma] 66
Jugendherberge ο ξενώνας για νέους [o xe**no**naß ja **nä**uß] 38
jung νέος [**ne**oß]
Junge το αγόρι [to a**go**ri]
Junggeselle ο ελεύθερος [o e**lef**θeroß] 15
Juwelier ο κοσμηματοπώλης [o kosmimato**po**liß] 67

K

Kabine η καμπίνα [i ka**bi**na] 30
Kaffeehaus το καφενείο [to kafe**ni**o] 40
kalt κρύος [**kri**oß]
Kamera η κάμερα [i **ka**mera] 67
Kamm η χτένα [i **chte**na] 71
Kapelle το παρεκκλήσι [to pare**kli**ßi] 50
kaputt χαλασμένος [chalas**me**noß]
Kasse το ταμείο [to ta**mi**o] 58
Kathedrale η μητρόπολη [i mi**tro**poli] 50
Katze η γάτα [i **ga**ta] 36
Kaufhaus το εμπορικό κατάστημα [to embori**ko** ka**ta**ßtima] 61
Kaution η εγγύηση [i en**gi**ißi] 23
Kellner ο γκαρσόν [o gar**ßon**] 41
Kellerin η γκαρσόνα [i gar**ßo**na] 41
Keramik κεραμικά *(n/Pl)* [kerami**ka**] 50, 68
(Fahrrad-)Kette η αλυσίδα [i ali**ßi**ða] 26
Kind το παιδί [to pe**ði**] 13
Kino το σινεμά [to ßine**ma**] 57, 59
Kiosk το περίπτερο [to pe**rip**tero] 61
Kirche η εκκλησία [i ekli**ßi**a] 50
Kissen το μαξιλάρι [to maxi**la**ri] 35
klar διαυγής [ðiaw**jiß**]
Kleid το φόρεμα [to **fo**rema] 65
Kleidung ενδύματα *(n/Pl)* [en**ði**mata] 65
klein μικρός [mi**kroß**]
Klimaanlage ο κλιματισμός [o klimatis**moß**] 38
Kloster το μοναστήρι [to mona**ßti**ri] 51
Kneipe το μπαράκι [to ba**ra**ki] 40
Knopf το κουμπί [to kum**bi**]
Koch ο μάγειρας [o **ma**jiraß] 40
Köchin η μαγείρισσα [i ma**ji**rißa] 40
Körper το σώμα [to **ßo**ma] 73
Körperlotion η λοσιόν σώματος [i lo**ßjon ßo**matoß] 71
Koffer η βαλίτσα [i wa**li**tßa] 27, 32, 78
Konditorei η καηότα [i ka**po**ta] 61
Kondom η καπότα [i ka**po**ta] 71
Konsulat το προξενείο [to proxe**ni**o] 21
Konzert το κοντσέρτο [to kon**tßer**to] 57
Kopf το κεφάλι [to ke**fa**li] 73
Korkenzieher το τιρμπουσόν [to tirbu**ßom**] 61
Kosmetik καλλυντικά *(n/Pl)* [kalindi**ka**] 71
Kosmetiksalon το ινστιτούτο αισθητικής [to inßti**tu**to eßθiti**kiß**] 71
Kostüm το ταγιέρ [to ta**jer**] 65
krank άρρωστος [**a**roßtoß] 72, 76
Krankenhaus το νοσοκομείο [to noßoko**mi**o] 25, 75
Krankenwagen το ασθενοφόρο [to aßθeno**fo**ro] 25, 75
Krawatte η γραβάτα [i gra**wa**ta] 66
Kreditkarte η πιστωτική καρτα [i pißtoti**ki kar**ta] 77
Kreuzfahrt η κρουαζιέρα [i krua**sje**ra] 29
Küste η ακτή [i ak**ti**] 53
Kultur ο πολιτισμός [o politis**moß**] 57
Kunstgalerie κατάστημα έργων τέχνης [ka**ta**ßtima **er**gon **te**chniß] 49
Kunsthandwerk η χειροτεχνία [i chirotech**ni**a] 68, 70
kurz κοντός [kon**doß**]
Kuß το φιλί [to fi**li**]

L

Laden το κατάστημα [to ka**ta**ßtima] 61
Länge το μήκος [to **mi**koß] 20
Lärm ο θόρυβος [o **θo**riwoß]

Land *(Staat)* η χώρα [i chora]
Landhaus το εξοχικό [to exochiko] 32
Landkarte ο χάρτης [o chartiß] 49, 65
Landschaft το τοπίο [to topio] 51
Landstraße ο περιφεριακός δρόμος [o periferiakoß ðromoß] 22, 23
Landung η προσγείωση [i proßjioßi] 28
Landwirt ο γεωργός [o jeorgoß] 13
langsam αργός [argoß]
langweilig ανιαρός [aniaroß]
Lastwagen το φορτηγό [to fortigo] 22
laut δυνατός [ðinatoß]
Lebensmittel τα τρόφιμα [ta trofima] 64
ledig ελεύθερος [elefθeroß]; άγαμος [agamoß] 15
leer άδειος [aðjoß]
leicht εύκολος [efkoloß]; *(Gewicht)* ελαφρύς/-ιά/-ύ [elafriß/-ia/-i]
Leinen το λινό [to lino] 66
Licht το φως [to foß] 34
Liebe η αγάπη [i agapi]
lieben αγαπώ [agapo]
Liegestuhl η πολυθρόνα [i poliθrona] 53
links αριστερά [arißtera]
Lippenstift το κραγιόν [to krajon] 71
Liter το λίτρο [to litro] 20, 42, 64
Löffel το κουτάλι [to kutali] 42
Luft ο αέρας [o aeraß]
Luftkissenboot το (ιπτάμενο) δελφίνι [to (iptameno) ðelfini] 29
Luftmatratze το στρώμα θάλασσας [to ßtroma θalaßaß] 53

M

Mädchen το κορίτσι [to koritßi]
Mahlzeit το γεύμα [to jewma] 40
Make-up το μέικ-απ [to mäik ap] 71
Mann ο άντρας [o andraß] 13
Mantel το παλτό [to palto] 65
Medikament το φάρμακο [to farmako] 73
Meer η θάλασσα [i θalaßa] 53
Meeresfrüchte θαλασσινά *(n/Pl)* [θalaßina] 45
mehr περισσότερος [perißoteroß]
Messe *(Kirche)* η λειτουργία [i liturjia]; *(Ausstellung)* η έκθεση [i ekθeßi]
Messer το μαχαίρι [to macheri] 42
Meter το μέτρο [to metro] 20
Metzgerei το κρεοπωλείο [to kreopolio] 61
Miete το νοίκι [to niki] 22, 32
Minute το λεπτό [to lepto] 20
Mittag το μεσημέρι [to meßimeri] 18
Mittagessen το μεσημεριανό φαγητό [to meßimerjano fajito] 40
Mittwoch η Τετάρτη [i tetarti] 19
Mode η μόδα [i moða] 65
modern μοντέρνος [moderno ß]
Möbel έπιπλα [epipla] 61
Moment το λεπτό [to lepto] 14
Monat ο μήνας [o minaß] 19
Montag η Δευτέρα [i ðeftera] 19
Morgen το πρωί [to proi] 12
morgen αύριο [awrio]
Motorrad η μοτοσικλέτα [i motoßikleta] 22, 78
Mücke το κουνούπι [to kunupi]
müde κουρασμένος [kurasmenoß]
Müll σκουπίδια *(n/Pl)* [ßkupiðja]
Münze το κέρμα [to kerma] 77, 82
Mütze η σκούφια [i ßkufja] 66
Museum το μουσείο [to mußio] 51, 52
Musik η μουσική [i mußiki] 57, 59
Mutter η μητέρα [i mitera] 13

N

Nachbar ο γείτονας [o jitonaß] 13
Nachrichten ειδήσεις *(f/Pl)* [iðißiß] 80
Nacht η νύχτα [i nichta] 12
Nachtisch το επιδόρπιο [to epiðorpio] 42, 47
nackt γυμνός [jimnoß]
Nagel το νύχι [to nichi]
Nagelbürste βουρτσάκι νυχιών [wurtßaki nichjon] 71
Nagelfeile η λίμα νυχιών [i lima nichjon] 71
Nagellack το μανόν [to manon] 71
Nagellackentferner το ασετόν [to aßeton] 71
nahe κοντινός [kondinoß]
Name το όνομα [to onoma] 12
naß βρεγμένος [wregmenoß]
Natur η φύση [i fißi] 55
Naturfaser φυσικές ίνες *(f/Pl)* [fißikeß ineß] 66
Neffe ο ανιψιός [o anipßjoß] 13
nein όχι [ochi] 15
neu καινούργιος [kenurjoß]
nicht δεν [ðen]
Nichte η ανιψιά [i anipßja] 13

Nichtraucher μη καπνιστές [mi kapni**ßteß**] 28
nichts τίποτα [**ti**pota]
niedrig χαμηλός [chami**loß**]
niemand κανένας [ka**ne**naß]
nötig αναγκαίος [anan**ge**oß]
Norden ο βοριάς [o wor**jaß**] 22
Notausgang έξοδος κινδύνου [exoðoß kin**ð**inu] 27, 58, 80
Notbremse το σήμα κινδύνου [to **ß**ima kin**ð**inu] 27, 30
Notlandung αναγκαστική προσγείωση [anangaßti**ki** pro**ßji**oßi] 28
Nummer το νούμερο [to **nu**mero]

O

Ober το γκαρσόν [to gar**ßon**] 41
Obst-/Gemüsegeschäft το μανάβικο [to ma**na**wiko] 61, 62
Öffnungszeiten ώρες εργασίας *(f/Pl)* [oreß erga**ßia**ß] 80
Österreich η Αυστρία [i af**ßtri**a] 13
österreichisch αυστριακός [afßtria**koß**] 13
Ohrringe σκουλαρίκια *(n/Pl)* [ßkula**ri**kja] 67
Onkel ο θείος [o **θi**oß] 13
Optiker ο οπτικός [o opti**koß**] 70
Ort ο τόπος [o **to**poß] 22, 52
Osten το Ράσχα [to **pa**ßcha] 22

P

Paar το ζευγάρι [to sew**ga**ri] 20
Päckchen το πακετάκι [to pake**ta**ki] 80
Paket το πακέτο [to pa**ke**to] 80
Palast το παλάτι [to pa**la**ti] 51
Panne η βλάβη [i **wla**wi] 24, 80
Papiere το χαρτί [to char**ti**] 21, 78
Parfüm το άρωμα [to **a**roma] 71
Park το πάρκο [to **par**ko] 51
Parkplatz το πάρκινγκ [to **par**king] 23, 33
Paß το διαβατήριο [to ðiawa**ti**rio] 21, 78
Paßkontrolle ο έλεγχος διαβατηρίων [o **e**lengchoß ðiawati**ri**on] 21
Passagier ο επιβάτης [o epi**wa**tiß] 28, 29
Pension η πανσιόν [i pan**ßjon**] 32
Personalausweis η ταυτότητα [i taf**to**tita] 21, 78
Pflanze το φυτό [to fi**to**] 55, 61

PH-neutral πε χα ουδέτερο [pe cha u**ðe**tero] 71, 76
Pinzette η τσιμπίδα [i tßim**bi**ða] 71
Platz η πλατεία [i pla**ti**a] 28, 52
Polizei η αστυνομία [i aßtino**mi**a] 78
Polizist ο αστυνομικός [o aßtinomi**koß**] 78
Portier ο θυρωρός [o θiro**roß**] 32
Portion η μερίδα [i me**ri**ða] 20
Postamt το ταχυδρομείο [to tachiðro**mi**o] 80
Postkarte η κάρτα [i **kar**ta] 80
Postleitzahl ο ταχυδρομικός κώδικας [o tachiðromi**koß** **ko**ðikaß] 80
Präservativ το προφυλακτικό [to profilakti**ko**] 71
Preis η τιμή [i ti**mi**] 61
Priester ο ιερέας [o ie**re**aß]
Programm το πρόγραμμα [to **pro**grama] 80
Promille τοις χιλίοις [tiß chi**li**iß]
Prozent τοις εκατό [tiß eka**to**]
pünktlich ακριβής [akri**wiß**]
Pullover το πουλόβερ [to pu**lo**wer] 65

Q

Qualität η ποιότητα [i pi**o**tita] 32, 40, 61
Qualle η τσούχτρα [i **tßu**chtra] 53, 72
Quelle η πηγή [i pi**ji**] 55
Quittung η απόδειξη [i a**po**ðixi] 43, 61

R

Rabatt η έκπτωση [i **ek**ptoßi] 61
Radio το ράδιο [to **ra**ðio] 80
Rasen το γρασίδι [to gra**ßi**ði]
Rasierapparat η ξυριστική μηχανή [i xiriß**ti**ki micha**ni**] 67, 71
Rathaus το δημαρχείο [to ðimar**chio**] 52
rauchen καπνίζω [ka**pni**so] 28, 71
Raum ο χώρος [o **cho**roß] 51
Rechnung ο λογαριασμός [o logarja**smoß**] 35, 43
rechts δεξιά [ðexia]
Regenmantel το αδιάβροχο [to a**ðja**wrocho] 19, 65
Regierung η κυβέρνηση [i ki**wer**nißi]
reich πλούσιος [**plu**ßioß]
Reifen το λάστιχο [to **la**ßticho] 26
Reihe η σειρά [i ßi**ra**] 58
Reinigung το καθαριστήριο [to kaθari**ßti**rio] 67

Reise το ταξίδι [to ta**xi**ði] 21, 52, 55
Reisebüro το ταξιδιωτικό γραφείο [to taxiðioti**ko** gra**fio**] 21, 49, 53
Reisebus το πούλμαν [to **pul**man] 52
Reiseführer ο ξεναγός [o xena**goß**] 49, 52
Reisescheck το ταξιδιωτικό τσεκ [to taxiðioti**ko** tßek] 77
Reißverschluß το φερμουάρ [to fermu**ar**] 61
Rettungsboot η σωσίβια λέμβος [i Bo**ßi**wia **lem**woß] 29, 53
Rettungsring το σωσίβιο [to Bo**ßi**wio] 29, 53
Rezept η συνταγή [i Binda**ji**] 72
Rezeption η ρεσεψιόν [i reßep**ßjon**] 32
richtig σωστός [Boß**toß**]
Richtung η κατεύθυνση [i ka**tef**θinßi] 22
Risiko ο κίνδυνος [o **kin**ðinoß]
Rock η φούστα [i **fu**ßta] 65
Rucksack το σακίδιο [to Ba**ki**ðio] 55
Ruhe η ησυχία [i ißi**chi**a]
ruhig ήσυχος [**i**ßichoß]
rund στρογγυλός [ßtrongi**loß**]
Rundfahrt η περιήγηση [i peri**i**jißi] 52

S

Saal η αίθουσα [i **e**θuBa] 51
Sache το πράγμα [to **prag**ma]
Sakko το σακάκι [to Ba**ka**ki] 65
Samstag το Σάββατο [to **Ba**wato] 19
Sandalen πέδιλα *(n/Pl)* [**pe**ðila] 66
satt χορτάτος [chor**ta**toß]
sauber καθαρός [kaθa**roß**]
Schadensersatz η αποζημίωση [i aposi**mi**oßi] 25
Schaffner ο εισπράκτορας [o iß**pra**ktoraß] 27, 30
Schal το σάλι [to **Ba**li] 65
Schallplatten δίσκοι *(f/Pl)* [**ði**ßki] 61
Schalter *(Licht-)* ο διακόπτης [o ðia**ko**ptiß]
Schaufenster η βιτρίνα [i wi**tri**na] 61
Scheck το τσεκ [tßek] 77
Schere το ψαλίδι [to pßa**li**ði] 71
Scherz το αστείο [to a**ßti**o]
schicken στέλνω [**ßtel**no]
Schiff το πλοίο [to **pli**o] 29
Schild η πινακίδα [i pina**ki**ða] 23, 28, 55
Schillinge σελίνια [Be**li**nja] 77
Schirm η ομπρέλα [i om**bre**la] 61
Schlafanzug η μπιτζάμα [i bi**dsa**ma] 65
Schlafwagen το βαγκονλί [to wagon**li**] 27, 28
Schließfach η θυρίδα ασφάλειας [i θi**ri**ða aß**fa**liaß] 27
Schlüssel το κλειδί [to kli**ði**] 35
Schmerzen ο πόνος [o **po**noß] 72
Schmuck το κόσμημα [to **kos**mima] 67, 68
schmutzig βρώμικος [**wro**mikoß]
schnell γρήγορος [**gri**goroß]
Schnuller η πιπίλα [i pi**pi**la] 71
schön ωραίος [o**re**oß]
schrecklich τρομερός [tromer**oß**]
Schreibwarengeschäft το χαρτοπωλείο [to chartopo**li**o] 65
schriftlich γραπτώς [grap**toß**]
schüchtern ντροπαλός [dropa**loß**]
Schüssel η λεκάνη [i le**ka**ni] 38
Schuhcreme η κρέμα παπουτσιών [i **kre**ma paput**ßjon**] 65
Schuhgeschäft το υποδηματοπωλείο [to ipoðimatopo**li**o] 65
Schuld το φταίξιμο [to **fte**ximo] 25, 78
Schule το σχολείο [to Bcho**li**o]
Schwägerin η κουνιάδα [i ku**nja**ða] 13
Schwager ο κουνιάδος [o ku**nja**ðoß] 13
Schwamm το σφουγγάρι [to Bfun**ga**ri] 71
schwanger έγκυος [**e**ngioß] 73
Schweiz η Ελβετία [i elwe**ti**a] 13
Schweizer Franken το ελβετικό φράγκο [to elweti**ko** **fra**ngo] 77
Schweizer ο Ελβετός [o elwe**toß**] 13
Schweizerin η Ελβετίδα [i elwe**ti**ða] 13
schwer βαρύς [wa**riß**]; *(schwierig)* δύσκολος [**ði**ßkoloß]
Schwester η αδελφή [i aðel**fi**]; *(Kranken-)* η νοσοκόμα [i noßo**ko**ma] 13, 75
Schwimmbad η πισίνα [i pi**ßi**na] 33
schwimmen κολυμπώ [kolim**bo**] 56
Schwimmweste το σωσίβιο ένδυμα [to Bo**ßi**wio **en**ðima] 29, 56
schwindlig ζαλισμένος [salis**me**noß]
schwitzen ιδρώνω [i**ðro**no]
See η λίμνη [i **lim**ni] 51, 53
Seegang η φουρτούνα [i fur**tu**na]
Seeigel ο αχινός [o achi**noß**] 53, 72
Seekrankheit η ναυτία [i naf**ti**a] 75

Sehenswürdigkeit το αξιοθέατο [to axio**θ**eato] 49
Seide το μετάξι [to me**ta**xi] 66
Seife το σαπούνι [to ßa**pu**ni] 71
Selbstbedienung η αυτοεξυπηρέτηση [i aftoexipi**re**tißi] 40, 61
Sendung η εκπομπή [i ekpo**mbi**] 80
Serviette η πετσέτα [i pe**tße**ta] 42
Sex το σεξ [to ßex]
Shorts το σορτς [to ßortß] 66
Sicherheitsgurt η ζώνη ασφάλειας [i **so**ni a**ßfa**liaß] 22
Sicherung η ασφάλεια [i a**ßfa**lia] 26
Sicht η θέα [i **θe**a]
sichtbar ορατός [ora**toß**]
Single ο ελεύθερος [o e**lef**θeroß] 15
Situation η κατάσταση [i ka**ta**ßtaßi]
Sitzplatz η θέση [i **θe**ßi] 27, 30, 57
Socken κάλτσες *(f/Pl)* [**kal**tßeß] 65
Sohn ο γιος [o joß] 13
Sommer το καλοκαίρι [to kalo**ke**ri] 19
Sonderangebot η ειδική προσφορά [i iði**ki** proßfo**ra**] 61
Sondertarif η ειδική ταρίφα [i iði**ki** ta**ri**fa] 27, 28
Sonne ο ήλιος [o **il**joß] 19
Sonnenbrand έγκαυμα από ήλιο [**en**gawma a**po** **i**ljo] 72
Sonnenbrille γυαλιά ηλίου [ja**lja** **i**liu] 70
Sonnenschirm η ομπρέλα ηλίου [o o**bre**la **i**liu] 53, 61
Sonntag η Κυριακή [i kirja**ki**] 19
spät αργά [ar**ga**]
Sparbuch το βιβλιάριο καταθέσεων [to wiwliario kata**θe**ßeon] 77
Spaß το αστείο [to a**ßti**o] 57
Spaziergang ο περίπατος [ɔ pe**ri**patoß] 49
Speisekarte ο κατάλογος φαγητών [o ka**ta**logoß faji**ton**] 44
Spezialität η σπεσιαλιτέ [i ßpeßiali**te**] 40
Spielzeug το παιχνίδι [to pe**chni**ði] 61
Sportartikel είδη σπόρ *(n/Pl)* [**i**či ßpor] 61
Sprache η γλώσσα [i **glo**ßa] 13
Spülmittel το υγρό πιάτων [to i**gro** **pja**ton] 71
Staat το κράτος [to **kra**toß]
Stadt η πόλη [i **po**li] 22, 51
Stadtplan ο χάρτης της πόλης [o **char**tiß tiß **po**liß] 49
Stadtzentrum το κέντρο της πόλης [to **ken**dro tiß **po**liß] 22, 52
Start η αναχώρηση [i ana**cho**rißi] 28, 54
Statue το άγαλμα [to **a**galma] 52
steil απότομος [a**po**tomoß]
Stein η πέτρα [i **pe**tra]
sterben πεθαίνω [pe**θe**no]
Stiefel μπότες *(f/Pl)* [**bo**teß] 66
Stockwerk ο όροφος [o **o**rofoß] 32
Stoff το ύφασμα [to **i**fasma] 66
Strafe η ποινή [i pi**ni**] 78
Strand η παραλία [i para**li**a] 33, 53
Straße ο δρόμος [o **ðro**moß] 22, 52
Streichhölzer σπίρτα *(n/Pl)* [**ßpir**ta] 71
Strom το ρεύμα [to **rew**ma] 36
Strümpfe κάλτσες *(f/Pl)* [**kal**tßeß] 66
Strumpfhose το καλτσόν [to kal**tßon**] 66
Stück το κομμάτι [to ko**ma**ti] 20
Stuhl η καρέκλα [i ka**re**kla]
Stunde η ώρα [i **o**ra] 20
Sturm η καταιγίδα [i kate**ji**ða] 19, 56
Süden ο νότος [o **no**toß] 22
Süßwaren τα γλυκίσματα [ta gli**ki**smata] 40, 61
Summe το σύνολο [to **ßi**nolo] 43, 61
Supermarkt σούπερ μάρκετ [**ßu**per **mar**ket] 36, 61
Swimmingpool η πισίνα [i pi**ßi**na] 33, 53
Synthetik το συνθετικό [to ßinθeti**ko**] 66

T

Tabakladen το καπνοπωλείο [to kapnopo**li**o] 71
Tabletten τα χάπια [ta **cha**pja] 73
Tag η ημέρα [i i**me**ra] 12, 19
Tankstelle το βενζινάδικο [to wensi**na**ðiko] 24
Tante η θεία [i **θi**a] 13
tanzen χορεύω [cho**re**wo]
Tasse το φλιτζάνι [to fli**dsa**ni] 42
Taxi το ταξί [to ta**xi**] 31
Telefax το φαξ [to fax] 82
Telegramm το τηλεγράφημα [to tile**gra**fima] 82
Teller το πιάτο [to **pja**to] 42
Temperatur η θερμοκρασία [i θermokra**ßi**a] 19
teuer ακριβός [akri**woß**]
Theater το θέατρο [to **θe**atro] 51, 57

Ticket το εισιτήριο [to ißi**ti**rio] 27, 30, 57
Tier το ζώο [to **so**o] 36
Tierarzt (-ärztin) ο (η) κτηνίατρος [o (i) ktini**a**troß]
Tisch το τραπέζι [to tra**pe**si]
Tochter η κόρη [i **ko**ri] 13
Toilette η τουαλέτα [i tua**le**ta] 33, 83
Toilettenpapier το χαρτί υγείας [to char**ti** i**ji**aß] 34, 71
Tourist ο τουρίστας [o tu**ri**ßtaß] 13, 49
Touristin η τουρίστρια [i tu**ri**ßtria] 13, 49
traurig λυπημένος [lipi**me**noß]
Treppe η σκάλα [i **ßka**la] 38
treu πιστός [pi**ßtoß**]
Trinkgeld το φιλοδώρημα [to filo**ðo**rima] 43, 83
Trinkwasser το πόσιμο νερό [to **po**ßimo ne**ro**] 28, 48
Trödler ο παλιατζής [o palja**dsiß**] 61
T-Shirt το μπλουζάκι [to blu**sa**ki] 65
Tür η πόρτα [i **por**ta]
Tunnel το τούνελ [to **tu**nel] 23
Turm ο πύργος [o **pir**goß] 51
Turnschuhe αθλητικά παπούτσια *(n/Pl)* [aθliti**ka** pa**pu**tßja] 65
typisch τυπικός [tipi**koß**]

U

U-Bahn ηλεκτρικό τρένο [ilektri**ko** **tre**no] 30
Übelkeit η αναγούλα [i ana**gu**la] 72
Überraschung η έκπληξη [i **ek**plixi]
Ufer η όχθη [i **o**chθi] 53
Uhr το ρολόγι [to ro**lo**ji] 67
Uhrmacher ο ρολογάς [o rolo**gaß**] 67
Uhrzeit η ώρα [i **o**ra] 18
Umleitung η παράκαμψη [i pa**ra**kampßi] 23
umsonst άδικα [**a**ðika]; τσάμπα [**tßa**mba]
Umweltschutz η προστασία του περιβάλλοντος [i proßta**ßi**a tu peri**wa**londoß] 55
unbekannt άγνωστος [**a**gnoßtoß]
Unfall το ατύχημα [to a**ti**chima] 24, 80
ungefähr περίπου [pe**ri**pu]
Unglück η δυστυχία [i ðißti**chi**a] 24, 80
unglücklich δυστυχισμένος [ðißtichis**me**noß]
ungültig άκυρος [**a**kiroß]
Unkosten έξοδα *(n/Pl)* [**e**xoða]
unruhig ανήσυχος [a**ni**ßichoß]
unschuldig αθώος [a**θo**oß]
Unterführung η υπόγεια διάβαση [i i**po**jia ði**a**waßi] 23
Unterhaltung η διασκέδαση [i ðia**ßke**ðaßi] 57
Unterhemd η φανέλα [i fa**ne**la] 65
Unterhose *(Damen)* το σλιπ [to ßlip]; *(Herren)* το σλιπάκι [to ßli**pa**ki] 66
Unterkunft η στέγη [i **ßte**ji] 32
Unterschrift η υπογραφή [i ipogra**fi**] 21, 78
Untersuchung η εξέταση [i e**xe**taßi] 72, 78
Unterwäsche εσώρουχα *(n/Pl)* [e**ßo**rucha] 65
unverschämt αναιδής [ane**ðiß**]
Urlaub η άδεια [i **a**ðia]
Ursache η αιτία [i e**ti**a]
Urteil η απόφαση [i a**po**faßi]

V

Vater ο πατέρας [o pa**te**raß]; *(Papa)* ο μπαμπάς [o ba**baß**] 13
Veranstaltungskalender το πρόγραμμα εκδηλώσεων [to **pro**grama ekði**lo**ßeon] 49, 57
Verbindung η σύνδεση [i **ßin**ðeßi] 27, 30
verboten απαγορευμένος [apagorew**me**noß] 23, 28, 55
verdorben χαλασμένος [chalas**me**noß]
Vergangenheit το παρελθόν [to parel**θon**]
Vergewaltigung ο βιασμός [o wias**moß**] 78
Vergiftung η δηλητηρίαση [i ðilitiri**a**ßi] 72
verheiratet παντρεμένος *(m)* [pandre**me**noß] / παντρεμένη *(f)* [pandre**me**ni] 15
Verhütungsmittel το προφυλακτικό [to profilakti**ko**] 71, 72, 76
verletzt τραυματισμένος [trawmatis**me**noß] 72
Verlobte αρραβωνιαστικιά [arawonjaßti**kja**] 13
Verlobter αρραβωνιαστικός [arawonjaßti**koß**] 13
versehentlich κατά λάθος [ka**ta** **la**θoß]
Versicherungsgesellschaft η ασφαλιστική εταιρεία [i aßfalißti**ki** ete**ri**a] 22

Vertrag το συμβόλαιο [to ßim**wo**leo] 22
Verwandte συγγενείς *(m/Pl)* [ßinge**niß**] 13
Verzeihung! Συγνώμη! [ßi**gno**mi] 14
Videokassette η βιντεοκασέτα [i wideoka**ß**eta] 67
viel πολύ [po**li**]
Volk ο λάος [o la**oß**]
voll γεμάτος [je**ma**toß]
Vollpension πλήρη διατροφή [**pli**ri ðiatro**fi**] 33
Vormittag το πρωί [to pro**i**] 18
Vorort επί τόπου [e**pi to**pu]
Vorsicht! Προσοχή! [proßo**chi**] 23, 55
Vorstellung συστήνω [ßi**ß**ti**no**] 12, 57
Vorverkauf προπώληση [pro**po**lißi] 57
Vorwahl ο αυτόματος αριθμός κλήσης [o af**to**matoß ari**θmoß** **kli**ßiß] 82

W

Währung το νόμισμα [to **no**misma] 77
Wäsche τα ρούχα [ta **ru**cha] 65, 67
wahr αληθινός [aliθi**noß**]
wahrscheinlich πιθανός [piθa**noß**]
Wald το δάσος [to **ða**ßoß] 51, 55
warm ζεστός [se**ßtoß**]
Wartezimmer η αίθουσα αναμονής [i **e**θußa anamo**niß**] 72
Waschmittel το απορρυπαντικό [to aporipandi**ko**] 71
Wasser το νερό [to ne**ro**] 36, 48, 53
Watte το βαμβάκι [to wam**wa**ki] 71
wechseln αλλάζω [a**la**so] 78
Wechselgeld τα ψιλά [ta pßi**la**] 78
Wechselstube το ανταλλακτήριο συναλλάγματος [to andalak**ti**rio ßiana**la**gmatoß] 78
Wecker το ξυπνητήρι [to xipni**ti**ri]
Weg ο δρόμος [o **ðro**moß] 22
Wegweiser πινακίδες *(f/Pl)* [pina**ki**ðeß] 22
weich μαλακός [mala**koß**]
Welle το κύμα [to **ki**ma] 56
Welt ο κόσμος [o **ko**smoß]
wenig λίγος [**li**goß]
werktags καθημερινώς [kaθimeri**noß**]
Wert η αξία [i a**xi**a]
Weste το γιλέκο [to ji**le**ko] 66
Westen η δύση [i **ði**ßi] 22
Wetter ο καιρός [o ke**roß**] 18
Wettervorhersage η πρόβλεψη του καιρού [i **pro**wlepßi tu ke**ru**] 19, 80
wichtig σπουδαίος [ßpu**ðe**oß]
Wildleder το καστόρι [to ka**ßto**ri] 65, 68
Wind ο αέρας [o aeraß] 19
Windeln πάνες *(f/Pl)* [**pa**neß] 71
Winter ο χειμώνας [o chi**mo**naß] 19
Wirt ο ταβερνιάρης [o tawer**nja**riß] 32, 40
Woche η (ε)βδομάδα [i (e)wðo**ma**ða] 19
Wohnmobil το κάραβαν [to **ka**rawan] 36
Wohnsitz η κατοικία [i kati**ki**a] 13
Wohnung το διαμέρισμα [to ðja**me**risma] 35
Wohnwagen το τροχόσπιτο [to tro**cho**ßpito] 36
Wolle το μαλλί [to ma**li**] 66
Wort η λέξη [i **le**xi]
wütend θυμωμένος [θimo**me**noß]

Z

Zahl ο αριθμός [o ari**θmoß**]
Zahnarzt ο οδοντίατρος [o oðon**di**atroß] 74
Zeitschrift το περιοδικό [to perioði**ko**] 65
Zeitung η εφημερίδα [i efime**ri**ða] 65
Zentimeter το εκατοστόμετρο [to ekato**ßto**metro] 20
Zentrum το κέντρο [to **ke**ndro] 22, 52
zerbrechlich εύθραυστο [**ef**θrafßto]
Zeuge ο μάρτυρας [o **mar**tiraß] 25, 78
Ziel ο σκοπός [o ßko**poß**] 54
Zigarette το τσιγάρο [to tßi**ga**ro] 71
Zigarre το πούρο [to **pu**ro] 71
Zimmer το δωμάτιο [to ðo**ma**tio] 32
Zimmermädchen η καμαριέρα [i kamar**je**ra] 32
Zoll το τελωνείο [to telo**ni**o] 21
zufrieden ευχαριστημένος [efcharißti**me**noß]
Zug το τρένο [to **tre**no] 27
zusammen μαζί [ma**si**]
Zuschlag το πρόσθετο κόστος [to **pro**ßθeto **ko**ßtoß] 27, 30
zuständig ο υπεύθυνος [o i**pef**θinoß]
zuviel πάρα πολύ [**pa**ra po**li**]
Zweifel η αμφιβολία [i amfiwo**li**a]
Zwischenlandung ο ενδιάμεσος σταθμός [o en**ði**ameßoß ßta**θmoß**] 28

Reisewörterbuch Griechisch–Deutsch

Α–α
Αδελφοί . . . (Αφοι) Gebrüder
Αεροδρόμιο Flughafen
Αναχωρήσεις Abflug
Ανδρών Herren (Toilette)
Ανοιχτό geöffnet
Απαγορεύεται . . . . . . verboten!
η διάβαση Durchgang
η διάβαση των γραμμών Überschreiten der Gleise
η είσοδος Eintritt
η ρίψη απορριμμάτων Das Wegwerfen von Abfällen ist
η στάθμευση Parken
το κάπνισμα Rauchen
Ασθενοφόρο Notarztwagen
Αστυνομία Polizei
Αφετηρία Bus-Endstation
Αφίξεις Ankunft

Β–β
Βενζινάδικο Tankstelle
Βενζίνη Benzin
αμόλυβδη bleifrei
Βιβλιοθήκη Bücherei
Βιβλιοπωλείο Buchandlung

Γ–γ
Γραμματοκιβώτιο Briefkasten
Γραμματόσημο Briefmarken
Γραφείο Büro
Γυναικών Damen (Toilette)

Δ–δ
Δεν λειτουργεί außer Betrieb
Δημαρχείο Rathaus
Δημόσια εργα Straßenarbeiten
Διάβαση πεζών . . . Fußgängerübergang
Διάβαση σιδηροδρομικών γραμμών Bahnübergang
Διόδια Mautgebühren, Mautstelle
Δρομολόγια Fahrplan

Ε–ε
Εθνική οδός Nationalstraße
Είσοδος Eingang/Einfahrt
Έκθεση Messe
Εκπτώσεις Schlußverkauf
Έλεγχος διαβατηρίων Paßkontrolle
Ελευθέρα είσοδος Eintritt frei
Ελλάδα Griechenland
ΕΝΟΙΚΙΑΖΕΤΑΙ zu vermieten
Ενοικίαση ποδηλάτων Fahrradverleih
Ενοικίαση αυτοκινήτων Autovermietung
Έξοδος Ausgang/Ausfahrt
Έξοδος εργοταξίου Ausfahrt freihalten
Έξοδος κινδύνου Notausgang
Εξωτερικό Ausland
Ε. Ο. Τ. Griechisches Fremdenverkehrsamt
Έργα Baustelle
Εστιατόριο Restaurant
Εσωτερικό Inland

Ζ–ζ
Ζαχαροπλαστείο Konditorei

Η–η
Ηλεκτρικό (τρένο) U-Bahn

Θ–θ
Θέατρο Theater
Θέση Platz

Κ–k
Καλώς όρισες! *(Sing)* / **Καλώς ορίσατε!** *(Pl)* Willkommen!
Καθαριστήριο Reinigung
Καθημερινές αναχωρήσεις tägliche Abfahrten
Καπνιστές / Μη καπνιστές Raucher/Nichtraucher
Κατάλογος φαγητών Speisekarte
κατειλημμένο besetzt
κάτοικος της wohnhaft in
Καφενείο Café

Καφετέρια Cafeteria
Κέντρο Zentrum
κλείνετε την πόρτα Türe schließen!
Κλειστό geschlossen
Κομμωτήριο Frisiersalon
Κρεοπωλείο Metzgerei

Λ–λ
Λαχαναγορά Gemüsegroßmarkt
Λεωφορείο Bus

Μ–μ
Μανάβικο Gemüseladen
Μεσιτικό γραφείο Immobilienbüro
Μη θορυβείτε παρακαλώ! Ruhe bitte!
Μην αγγίζετε! Bitte nicht berühren!
Μην κύπτετε έξω! Nicht hinauslehnen!
Μην ομιλείτε στον οδηγό! Nicht mit dem Fahrer sprechen!
Μην πατάτε το πράσινο! Rasen nicht betreten!
Μην πετάτε τα σκουπίδια! Keinen Müll wegwerfen!
Μητρόπολη Kathedrale
Μουσείο Museum
Μπακάλικο Lebensmittelladen
Μπαρ Bar
Μπουτίκ Boutique

Ν–ν
Νοικιάζονται ... ... zu vermieten.
δωμάτια Zimmer
μηχανάκια Motorräder
ποδήλατα Fahrräder
σέρφινγκ Surfbrett
σκάφος Motorboot
Νοσοκομείο Krankenhaus

Ξ–ξ
Ξενάγηση Führung
Ξενοδοχείο Hotel

Ο–ο
οδός ... Straße ...
Ουζερί Ouzobar

Π–π
Πανσιόν Pension
Παράκαμψη Umleitung
Πληροφορίες Informationen
Προσοχή! Achtung!
ΠΩΛΕΙΤΑΙ zu verkaufen

Σ–σ
Σιδηροδρομικός σταθμός Bahnhof
Σουβλατζίδικο Suwlaki-Schnellimbiß
Στάδιο Stadion
Στάση Haltestelle
Συνεργείο Autowerkstatt

Τ–τ
Ταβέρνα Taverne
Ταμείο Kasse
ΤΑΞΙ Taxi
Ταξιδιωτικό γραφείο Reisebüro
Ταχυδρομείο Post
Τελωνείο Zoll
Τηλεφωνικός θάλαμος Telefonzelle
Τουαλέττα Toilette
Τράπεζα Bank

Υ–υ
υπογραφή Unterschrift

Φ–φ
Φαγητό της ημέρας Tagesgericht
Φαρμακείο Apotheke
Φούρνος Bäckerei
Φ. Ρ. Α. Mehrwertsteuer (MWSt.)

Ψ–ψ
Ψαραγορά Fischmarkt
Ψαροταβέρνα Fischlokal
ψησταριά Grillrestaurant

Bildnachweis

Alle Fotos Rainer Hackenberg außer APA Publications/Phil Wood: 57, 65 (li.); edition Vasco/Robert Scheurich: 13; Johannes Frangenberg: 1, 25, 37, 40, 77 (li.); Gerold Jung: 32, 61; Markus Kirchgeßner: 53; Martin Kirchner: 9 (li.); Markus Kirchgeßner: Umschlag (Bild); Eric Bach Superbild/Bernd Ducke: Umschlag (Flagge)